모던
자바스크립트
핵심 가이드

**자바스크립트 기초부터
타입스크립트, ES2021까지 핵심만 쏙쏙**

모던 자바스크립트 핵심 가이드

자바스크립트 기초부터 타입스크립트, ES2021까지 핵심만 쏙쏙

초판 1쇄 발행 2021년 5월 14일
초판 2쇄 발행 2022년 5월 30일

지은이 알베르토 몬탈레시 / **옮긴이** 임지순, 권영재 / **펴낸이** 김태헌
펴낸곳 한빛미디어(주) / **주소** 서울시 서대문구 연희로2길 62 한빛미디어(주) IT출판부
전화 02-325-5544 / **팩스** 02-336-7124
등록 1999년 6월 24일 제25100-2017-000058호 / **ISBN** 979-11-6224-428-9 93000

총괄 전정아 / **책임편집** 박민아 / **기획** 이다인, 이상복 / **편집** 이상복 / **교정** 문용우 / **진행** 이채윤
디자인 표지 박정우 내지 박정화 전산편집 백지선
영업 김형진, 김진불, 조유미, 김선아 / **마케팅** 박상용, 송경석, 한종진, 이행은, 고광일, 성화정 / **제작** 박성우, 김정우

이 책에 대한 의견이나 오탈자 및 잘못된 내용에 대한 수정 정보는 한빛미디어(주)의 홈페이지나 아래 이메일로
알려주십시오. 잘못된 책은 구입하신 서점에서 교환해드립니다. 책값은 뒤표지에 표시되어 있습니다.

한빛미디어 홈페이지 www.hanbit.co.kr / 이메일 ask@hanbit.co.kr

지금 하지 않으면 할 수 없는 일이 있습니다.
책으로 펴내고 싶은 아이디어나 원고를 메일(**writer@hanbit.co.kr**)로 보내주세요.
한빛미디어(주)는 여러분의 소중한 경험과 지식을 기다리고 있습니다.

모던
자바스크립트
핵심 가이드

알베르토 몬탈레시 지음
임지순, 권영재 옮김

Complete
Guide to
Modern
JavaScript

⊞ 한빛미디어
Hanbit Media, Inc.

지은이 · 옮긴이 소개

지은이 **알베르토 몬탈레시** Alberto Montalesi

이탈리아 출신의 소프트웨어 개발자. 현재 베트남에서 앵귤러+타입스크립트+Node.
js로 기업용 SaaS를 만든다. 법학을 전공했지만 뒤늦게 프로그래밍에 관심을 가지고
독학으로 소프트웨어 개발자가 되었다. 개발자 지망생을 돕는 일에 큰 자부심을 가지
고 블로그(*https://inspiredwebdev.com*)에 글을 쓰고 있다.

옮긴이 **임지순** jisoon.lim@gmail.com

낮에는 계약서와 코드를 두드리고 밤에는 신시사이저와 기타를 난도질하는 공학과 미
디어의 주변인. 임베디드 프로그래머, 미들웨어 개발자, 프로젝트 매니저, 사업개발
등 다양한 직군에 종사했으며 최근에는 엔터테인먼트 산업에서 다양한 웹 프로젝트를
진행 중이다. 사회적인 덕후로 생존하기 위해 오늘도 코드, 그리고 글과 씨름하고 있
다. 번역한 책으로『자바스크립트는 모든 곳에 존재한다』(한빛미디어, 2021),『초소
형 머신러닝 TinyML』(한빛미디어, 2020, 공역),『라즈베리 파이로 배우는 컴퓨터
아키텍처』(위키북스, 2017) 등이 있다.

옮긴이 **권영재** yjiq150@gmail.com

풀스택 서비스 개발자. 작은 스타트업들과 라인 등의 회사를 거치며 다양한 경험을 쌓
았고, 현재는 스퀘어랩에서 항공/호텔 예약 서비스를 개발한다. 다양한 서비스를 개
발하면서 웹 프런트엔드, 백엔드, CLI 자동화 툴 등 분야를 가리지 않고 자바스크립
트를 실무에 사용해왔다. 2020년 1월에 개인 프로젝트로 서비스를 시작한 코로나19
실시간 상황판(*https://coronaboard.kr*) 또한 전부 자바스크립트로 개발했다.

지웹의 언어로 자리를 굳힌 자바스크립트의 중요성을 말하는 것은 이제 불필요한 잔소리가 될 것 같습니다. 필자는 2008년부터 웹 관련 업무에 종사하면서 자바스크립트 책을 여럿 읽었고 번역한 책도 있지만, 이 책은 아주 독특한 느낌을 줬습니다.

이 책은 독자가 자바스크립트에 대한 경험이 어느 정도 있다고 가정하고 2015년 이전의 '오래된' 자바스크립트에서 벗어나 ES6에 적응하는 것을 돕는 목적으로 쓰였습니다. 일일이 자세하게 설명하기보다는 새로운 문법과 이를 이해하는 데 도움이 되는 짧고 간단한 예제로 구성되었고, 각 장 말미에 간단한 연습문제를 수록해 독자의 이해를 돕는 형태입니다.

필자가 그동안 접했던 책들과는 분위기가 사뭇 달랐습니다. 기존에 접한 책들은 양복을 입고 넥타이를 단정하게 맨, 지적인 뿔테 안경을 쓴 교수가 설명하는 느낌이었다면, 이 책은 과 선배에게 술 한잔 대접하고 시험 족보를 얻어듣는 느낌이랄까요? 포멀한 설명은 없지만 주제에 대한 지식을 가진 사람끼리 대화할 때처럼 필요한 부분만 간결하고 명쾌하게 짚으며 진행하는 방식이 좋았습니다. 정형화된 책들만 접하던 필자에게는, 굳어지던 머리를 흔드는 신선한 경험이었습니다.

ES6에 적응하는 것을 돕는 목적으로 쓰인 책이지만, 필자가 보기에는 이미 ES6를 능숙하게 사용하는 독자들도 기존의 지식을 새로운 방향에서 바라보는 흥미로운 경험이 될 것 같습니다. 아직 ES6에 익숙하지 않은 독자에게는 물론 큰 도움이 될 테고요. 일독을 권합니다.

한선용, 「러닝 자바스크립트」 등의 역자

개인적으로 다양한 프로젝트와 기술 번역을 진행해왔지만, 문제를 해결하기 위한 수단으로 도구에 접근하다 보면 그 도구에 담긴 철학과 고민을 무심코 지나치기가 쉽습니다. 그런 면에서 이 책은 자바스크립트라는 도구를 심도 있게 들여다보고 최신 업데이트 내용을 다루면서도 분량이 부담스럽지 않아 좋은 가이드북이라는 생각이 들었습니다. 이제는 누구도 피할 수 없는 도구가 된 자바스크립트의 세계를 여행하는 사람들에게 이 책이 도움이 되기를 바랍니다.

임지순

20년 전 고등학생 시절에 동아리 홈페이지를 만들어보겠다고 처음 자바스크립트를 접했을 때는 웹 브라우저에 달려 있는 특이하고 이상한 문법을 가진 언어라고 생각했던 기억이 있습니다. 그랬던 자바스크립트가 진화하고 또 진화해서 웹 프런트엔드 개발뿐만 아니라 백엔드 서버 개발을 하는 데도 널리 쓰이고 있습니다. 저 자신 또한 이 언어를 이렇게 실무에 적극적으로 사용하게 된 것이 놀랍습니다. 앞으로는 또 어떤 편리한 기능, 새로운 문법이 자바스크립트에 추가돼서 코딩을 즐겁게 해줄지 기대가 됩니다. 혹시 아직도 자바스크립트를 안 써보셨다면 절 믿고 한번 써보시길.

권영재

필자는 이탈리아 출신이며, 기업용 소프트웨어를 만드는 소프트웨어 개발자로 베트남에서 일하고 있습니다.

프로그래밍은 늦게 시작한 편입니다. 2016년, 법학 학사 학위를 받은 후 24세에 늦게 프로그래밍에 대한 열정을 불사르기 시작했습니다. 독학으로 소프트웨어 개발자가 되는 길은 쉽지 않았지만, 시간을 되돌린다 해도 같은 선택을 했을 것 같습니다.

제 개인적인 이야기가 더 궁금하다면, DevTo 페이지에서 읽을 수 있습니다.

- https://dev.to/albertomontalesi/my-journey-from-esl-teacher-to-software-developer-5h30

다른 개발자에게 도움이 될 수 있는 책을 쓰는 과정에서 많은 뿌듯함을 느낍니다. 이러한 활동을 하려면 계속해서 공부해야 하고, 기술을 향상하기 위한 동기 부여가 필요합니다. 이것이 저의 자원을 투입해야 하는 고된 과정이라는 것을 잘 알고 있습니다.

필자와 소통할 수 있는 채널은 다음과 같습니다. 어떠한 협업 제안이든 토론이든 환영합니다.

- 트위터: https://twitter.com/montalesi
- **DevTo**: https://dev.to/albertomontalesi
- 깃허브: https://github.com/AlbertoMontalesi
- 개인 블로그: https://inspiredwebdev.com

알베르토 몬탈레시

필자는 수개월간 자바스크립트를 독학한 후 2018년에 이 책을 처음 출판했습니다. 독자 대상은 ECMAScript 사양의 최신 버전을 습득하고자 하는 자바스크립트 개발자였습니다.

개인적으로 자랑스러운 결과물이었지만, 뭔가 빠진 것 같은 느낌을 지울 수 없었습니다. 그리고 언어를 처음 접하는 사람들에게는 적합하지 않다는 단점도 있었습니다.

2019년 판에서는 이러한 문제를 개선하고 내용을 확장해서 기존의 자바스크립트 개발자와 초보자 모두가 읽을 수 있는 책을 만들고자 했습니다. 이를 위해 초보자에게 자바스크립트를 소개하는 새로운 내용을 추가했습니다.

또한 타입스크립트를 다루는 부분을 새로 추가했습니다. 필자는 타입스크립트를 1년 동안 사용한 후, 모든 자바스크립트 개발자가 타입스크립트를 꼭 알아야 한다고 자신 있게 말할 수 있게 되었습니다. 초보자도 처음부터 타입스크립트에 익숙해져야 한다고 생각합니다.

이 책의 무료 버전은 책의 깃허브 사이트에 있습니다. 깃허브는 ECMAScript의 새 버전이 나올 때마다 내용을 업데이트할 예정입니다.

- *https://github.com/AlbertoMontalesi/The-complete-guide-to-modern-JavaScript*

환경 설정

컴퓨터에 코드 편집기가 설치되어 있고, 크롬 개발자 도구 또는 유사한 도구를 사용하는 방법을 이미 알고 있다면 이 장을 건너뛰어도 됩니다.

이 책에서 사용할 코드를 실제로 테스트해보려면, 자바스크립트 코드를 작성하고 실행하는 데 사용할 코드 편집기가 있으면 편리합니다. 코드 편집기는 본격적인 개발을 위해서도 필수입니다.

필자가 사용하는 비주얼 스튜디오 코드^{Visual Studio Code}는 마이크로소프트에서 개발한 편집기로, *https://code.visualstudio.com*에서 무료로 받을 수 있습니다.

그 외에도 다음과 같은 대안이 있습니다.

- **아톰**^{Atom}: *https://atom.io/*
- **서브라임 텍스트**^{Sublime Text}: *https://www.sublimetext.com/*

어떤 도구를 선택하든 실습에는 충분합니다.

이런 도구를 설치 후 실행한 다음 새 파일을 만들고 .js 확장자로 저장하면 여러분의 첫 번째 자바스크립트 파일이 만들어질 겁니다.

사실 이 책의 예제는 길이가 짧은 편이라 브라우저 개발자 도구의 콘솔에서 직접 실행하는 것도 좋습니다.

브라우저에서 아무 페이지나 열고 아무 곳이나 마우스 오른쪽 버튼으로 클릭해봅시다. 여러 메뉴가 있을 텐데, 그중 **검사**^{Inspect} 또는 **요소 검사**^{Inspect element} 같은 메뉴가 있을 겁니다. 이를 클릭하면 개발자 도구가 열리는데, 여기서 웹 페이지 코드를 살펴보거나 혹은 자바스크립트 코드를 실험하거나 애플리케이션을 디버그할 수 있습니다.

크롬을 예로 들면 개발자 도구의 모습은 다음과 같습니다. 이 책의 출력 결과는 대체로 크롬 기준으로 작성되었습니다.

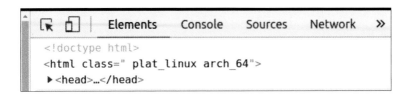

첫 번째 탭 'Elements'에서는 검사 중인 페이지의 코드를 볼 수 있고, 두 번째 탭 'Console'에서는 자바스크립트 코드를 작성하고 실험할 수 있습니다.

다음 그림은 브라우저 콘솔에서 변수를 정의하고 호출하는 예입니다. 곧이어 자바스크립트의 기초를 소개할 것이고, 변수 등에 대해서도 다룰 것입니다.

```
> var greetings = "hello";
< undefined
> greetings
< "hello"
>
```

CONTENTS

CHAPTER ⭘⭘ 자바스크립트 기초

CONTENTS

CONTENTS

CONTENTS

CHAPTER 13　프로미스

CHAPTER 14　제너레이터

CHAPTER 15　프록시

CHAPTER **16** 세트, 위크셋, 맵, 위크맵

CHAPTER **17** ES2016의 새로운 기능

CHAPTER **18** ES2017: 문자열 패딩, Object.entries( ), Object.values( ) 등

CONTENTS

CHAPTER 19 　ES2017: async와 await

CHAPTER 20 　ES2018의 새로운 기능

CONTENTS

QUIZ SOLUTIONS **퀴즈 정답과 해설**

APPENDIX **한국어판 부록: ES2021**

자바스크립트 기초

자바스크립트는 1995년 브렌던 아이크^{Brendan Eich}가 만든 프로그래밍 언어로, 대화형 웹 페이지를 만들 수 있으며 웹 애플리케이션을 만들기 위한 필수적인 언어이다.

자바스크립트의 역사와 그 이름의 기원에 대해 더 자세히 알고 싶다면 다음 글을 읽어보기를 추천한다.

- https://medium.com/@benastontweet/lesson-1a-the-history-of-javascript-8c1ce3bffb17

크롬의 개발자 도구 또는 유사한 도구를 열어본 적이 있다면, HTML 페이지에 자바스크립트가 삽입되는 방식을 이미 본 적이 있는 셈이다.

HTML 페이지에 자바스크립트를 삽입하는 방식은 두 가지이다. script 태그를 사용하고 그 안에 자바스크립트 코드를 직접 삽입하거나, 외부 파일을 참조하여 삽입할 수 있다.

script 태그로 코드를 감싸는 예는 다음과 같다.

```
<script type="text/javascript"> [YOUR_SCRIPT_HERE] </script>
```

외부 파일을 참조하는 예는 다음과 같다.

```
<script src="/home/script.js"></script>
```

물론 원하는 만큼 스크립트를 추가할 수 있으며, 다음과 같이 절대 경로, 상대 경로, 전체 경로를 모두 사용할 수 있다.

```
<!-- 프로젝트 루트로부터의 절대 경로 -->
<script src="/home/script.js"></script>
<!-- 현재 폴더에 대한 상대 경로 -->
<script src="script.js"></script>
```

```
<!-- jquery 라이브러리의 전체 URL -->
<script src="https://cdnjs.cloudflare.com/ajax/libs/jquery/3.3.1/core.
js"></script>
```

script 태그 안에 코드를 작성하기보다는, 파일에 넣어서 브라우저가 가져오는 파일 수에 관계없이 한 번에 다운로드하고 캐시하게 하는 것이 좋다. 이 방식에서는 캐시된 버전의 파일을 사용할 수 있으므로 성능상의 이점도 있다.

0.1 변수

변수variable는 값을 담기 위한 공간이다. 예를 들어 사용자 이름, 주소, 쇼핑몰 사이트의 상품 항목 등등의 값을 저장하기 위해 변수를 사용한다.

ES6(ES2015) 이전에는 다음과 같은 방법으로 변수를 선언했다.

```
var username = "Alberto Montalesi";
```

오늘날에는 변수를 선언하는 방법이 두 가지 더 있다.

```
let username = "Alberto Montalesi";
const username = "Alberto Montalesi";
```

이어질 1장에서 var, let, const 세 가지 키워드의 차이점에 대해 자세히 살펴볼 것이다. 여기에서는 간단하게만 다루겠다.

const 키워드로 생성된 변수는 이름에서 알 수 있듯 **상수**constant이므로 그 값을 덮어 쓸 수 없다.

크롬 개발자 도구를 열고 콘솔에 다음을 입력해보자.

```
const age = 26;
age = 27;
// Uncaught TypeError: Assignment to constant variable
```

보다시피 const로 선언한 변수에는 새 값을 할당할 수 없다.

반면, 다음과 같이 입력해보자.

```
let height = 190;
height = 189;
```

이번에는 오류가 발생하지 않았다. 앞의 var 키워드와 마찬가지로 변수에 값을 재할당할 수 있다.

var와 let 모두 재할당할 수 있는데, var 대신 let을 사용해야 하는 이유는 무엇일까? 이를 이해하려면 자바스크립트의 작동 방식에 대해 좀 더 알아야 한다. 이 어지는 1장에서 다룰 것이다.

많은 개발자가 let과 const의 적절한 사용법이 무엇인지를 두고 논쟁을 계속한다. 필자의 생각은 이렇다. 값을 재할당해야 하는 상황이 아니라면 항상 const를 써야 한다.

나중에 const로 선언한 변수 중 하나를 재할당해야 한다면, 간단히 let으로 바꾸면 충분하다. 필자는 개발 과정에서 기본적으로 const로 선언하는 것이 더 낫다는 것을 알게 되었다. 이렇게 하면 나중에 코드를 디버그하지 않고 실수로 재할당하려고 할 때 오류가 발생하므로, 잘못된 변수를 참조했다는 사실을 알 수 있다.

변수 명명법

변수에 이름을 붙일 때 신경 써야 하는 규칙이 있다. 규칙이라고 해서 걱정할 건 없다. 대부분 기억하기 매우 쉽다.

다음과 같은 변수명은 금지된다.

```
// 변수명은 숫자로 시작할 수 없음
let 1apple = "one apple";
// 변수명에는 공백, 기호, 마침표가 들어갈 수 없음
let hello! = "hello!";
```

또한 다음은 언어 자체에서 예약어로 쓰이기 때문에 변수나 함수의 이름으로 사용할 수 없는 단어들이다.

abstract	arguments	await	boolean
break	byte	case	catch
char	class	const	continue
debugger	default	delete	do
double	else	enum	eval
export	extends	false	final
finally	float	for	function
goto	if	implements	import
in	instanceof	int	interface
let	long	native	new
null	package	private	protected
public	return	short	static
super	switch	synchronized	this
throw	throws	transient	true
try	typeof	var	void
volatile	while	with	yield

변수 이름을 선택할 때 경험적으로 가장 권장하는 방식은 변수 이름 자체가 변수를 설명할 수 있게 하는 방식이다. 두문자어, 약어, 의미 없는 이름은 사용하지 말자.

```
// 나쁜 예
let cid = 12; // cid가 뭐지?
// 좋은 예
let clientID = 12; // 아, client ID구나.

// 나쁜 예
let id = 12; // 무슨 ID? userID? dogID? catID?
// 좋은 예
let userID = 12; // 구체적으로!
```

변수 이름 자체가 변수를 설명할 수 있게 하려면, 보통 여러 단어로 이뤄지게 될
가능성이 높다. 여러 단어로 이뤄진 변수 이름을 짓는 가장 일반적인 두 가지 방
법으로 캐멀 케이스(camelCase)와 스네이크 케이스(snake_case)가 있다.

```
// 나쁜 예
let lastloggedin = ''; // 읽기 어려움
// 좋은 예
let lastLoggedIn = ''; // 캐멀 케이스
let last_logged_in = ''; // 스네이크 케이스
```

캐멀 케이스는 첫 번째 단어 다음에 이어지는 각 단어의 첫 글자를 대문자로 하
고, 스네이크 케이스는 각 단어 사이를 밑줄underscore로 잇는다. 둘 중 어느 방식을
쓰든 간에 일관성을 유지하고 선택을 고수하는 것이 중요하다.

0.2 자료형

자바스크립트는 동적 언어dynamic language이다. 즉, 정적 언어와 달리 변수를 정의할
때 자료형을 정의할 필요가 없다.

```
// 문자열일까? 숫자일까?
var userID;

userID = 12; // 숫자를 할당해보자.
```

```
console.log(typeof userID); // number
userID = 'user1'; // 문자열을 할당해보자.
console.log(typeof userID); // string
```

자료형을 정의할 필요가 없다는 게 처음에는 편리해 보이지만, 대규모 프로젝트에서 작업할 때는 문제의 원인이 될 수 있다. 이 책 후반부에서는 자바스크립트의 기본을 마스터한 독자를 대상으로, 자바스크립트를 엄격한 자료형을 준수하는 **강 타입 언어**(강형 언어, 엄격한 타입 언어)strongly-typed language로 탈바꿈시키는 타입스크립트를 소개할 것이다.

자바스크립트에는 총 7개 자료형이 있다. 6개는 원시 자료형이고 나머지 하나는 객체다.

원시 자료형

원시 자료형primitive은 객체가 아닌 자료형으로, 메서드를 가지지 않는다. 다음과 같은 자료형이 원시 자료형에 해당한다.

- string: 문자열
- number: 숫자
- boolean: 불리언
- null: 널
- undefined: 정의되지 않음
- symbol: 심벌. ES6에서 추가되었다.

각 원시 자료형에 대해 간략하게 살펴보자. 프로그래밍 사전 경험이 있다면 이미 알고 있는 내용일 수도 있다.

string은 텍스트 데이터를 나타내는 데 사용된다. 예를 들어 이름, 주소 등을 string으로 표현하면 된다.

```
let userName = "Alberto";
console.log(userName); // Alberto
```

number는 숫자로 된 값을 나타내는 데 사용된다. 자바스크립트에는 정수만을 표현하는 자료형이 따로 없다.

```
let age = 25;
```

boolean은 true(참) 또는 false(거짓) 값을 나타내는 데 사용된다.

```
let married = false;
```

null은 '값이 없음'을 나타내고, undefined는 '정의되지 않은 값'을 나타낸다.

symbol(심벌)은 고유하고 변경할 수 없는 값을 나타낸다. ES6에 추가된 자료형으로, 원시 자료형 중 가장 최근에 추가된 것이다.

원시 자료형에 대해서는 11장에서 더 자세히 살펴볼 것이다.

객체

앞에서 설명한 6개의 원시 자료형은 null 값이든, true든, false든 하나의 값만 담을 수 있지만, **객체**object는 여러 속성의 모음을 저장하는 데 사용할 수 있다.

먼저 간단한 객체를 살펴보자.[1]

```
const car = {
  wheels: 4,
  color: "red",
};
```

---

[1] 옮긴이_ 객체 리터럴에서 마지막 속성 뒤의 쉼표는 무시된다(ES5부터). 18.4절에서 살펴본다.

차의 속성을 저장하는 데 사용하는 간단한 객체이다.

각 속성에는 키(첫 행의 경우 **wheels**)와 값(첫 행의 경우 4)이 있다.

키의 자료형은 **string** 자료형이지만 값은 모든 자료형이 될 수 있으며, 심지어 함수가 될 수도 있다. 값이 함수이면 메서드를 호출하는 셈이 된다.

```
const car = {
  wheels: 4,
  color: "red",
  drive: function() {
    console.log("wroom wroom")
  },
};
console.log(Object.keys(car)[0]); // wheels
console.log(typeof Object.keys(car)[0]); // string
car.drive();
// wroom wroom
```

이와 같이 **car** 객체에서 **drive** 함수를 호출할 수 있다.

'함수는 또 뭐지?'라는 생각이 들어도 걱정하지 말자. 함수에 대해서도 곧 설명할 것이다.

빈 객체 생성하기

객체를 생성할 때에는 속성을 선언할 필요가 없다.

빈 객체를 만드는 방법에는 다음과 같이 두 가지 방법이 있다.

```
const car = new Object();
const car = {};
```

두 번째 방법이 더 일반적으로 사용되는데, 이를 **객체 리터럴**object literal이라고도 부른다.

이제 비어 있는 새 car 객체가 있으므로, 다음과 같은 방법으로 새 속성을 추가할 수 있다.

```
car.color = 'red';
console.log(car);
// {color: "red"}
```

점 표기법dot notation을 사용하여 객체 car에 새 속성을 추가했다.

그럼 객체의 속성에 접근할 때는 어떻게 해야 할까? 아주 간단하다. 점 표기법과 **대괄호 표기법**bracket notation 두 가지 방법이 있다.

```
const car = {
  wheels: 4,
  color: "red",
};

console.log(car.wheels);
// 4
console.log(car['color']);
// red
```

왜 똑같은 일을 하는 두 가지 다른 방법이 있는 것일까?

사실, 두 방법이 완전히 동일한 것은 아니다. 여러 단어로 이뤄진 속성의 경우 점 표기법을 사용할 수 없기 때문이다.

```
const car = {
  wheels: 4,
  color: "red",
  "goes fast": true
};
console.log(car.goes fast);
// syntax error
console.log(car['goes fast']);
```

```
// true
```

여러 단어로 된 속성을 사용하려면 해당 이름을 따옴표로 묶어야 하기 때문에, 대괄호 표기법으로만 접근할 수 있다.

대괄호 표기법을 사용하는 또 다른 경우는 키를 사용해서 객체의 속성에 접근할 때이다.

애플리케이션이 사용자로부터 입력을 받은 다음, 입력받은 값을 객체에 접근하는 데 사용할 변수에 저장한다고 가정해보자.

예를 들어, 사용자가 자동차를 찾고 있다고 하자. 애플리케이션에서는 사용자에게 좋아하는 자동차 브랜드를 알려달라고 요청한다. 사용자가 선택한 브랜드는 적절한 모델을 출력하기 위한 키가 된다.

예를 단순하게 하기 위해 여기에서는 각 브랜드별로 하나의 모델만 있다고 가정하자.

```
const cars = {
  ferrari: "california",
  porsche: "911",
  bugatti: "veyron",
};

// 사용자 입력
const key = "ferrari";
console.log(cars.key);
// undefined
console.log(cars['key']);
// undefined
console.log(cars[key]);
// california
```

이와 같이, 변수에 저장된 키를 통해 객체의 속성에 접근하려면 대괄호 표기법을 사용해야 한다.

key는 문자열이 아닌 변수 이름이므로 따옴표 표기를 해서는 안 된다.

객체의 복사

원시 자료형과는 달리 객체를 복사할 때는 참조 방식이 쓰인다. 다음과 같은 코드를 보자.

```
let car = {
  color: 'red',
};
let secondCar = car;
```

여기서 secondCar는 그 자체로 객체가 아니라 car에 대한 참조, 즉 '주소^{address}'를 저장한다.

다음 예를 보면 이해하기가 더 쉽다.

```
let car = {
  color: 'red',
};
let secondCar = car;

car.wheels = 4;
console.log(car);
// {color: 'red', wheels: 4}
console.log(secondCar);
// {color: 'red', wheels: 4}
```

결과를 보면 secondCar는 단순히 car에 대한 참조만 저장하기 때문에 car를 수정하면 secondCar도 변경된다.

두 객체를 비교해보면 흥미로운 사실을 볼 수 있다.

```
console.log(car == secondCar);
```

```
// true
console.log(car === secondCar);
// true
```

항등 연산자^{equality}(==)를 사용하든, **완전 항등 연산자**^{strict equality}(===)를 사용하든 true가 반환된다. 두 객체가 동일하다는 의미이다. 동일한 객체를 비교할 때에만 true가 반환된다.

반면 빈 객체끼리 비교할 때, 그리고 동일한 속성을 가진 객체끼리 비교할 때는 어떻게 되는지 살펴보자.

```
const emptyObj1 = {};
const emptyObj2 = {};

emptyObj1 == emptyObj2;
// false
emptyObj1 === emptyObj2;
// false

const obj1 = {a: 1};
const obj2 = {a: 1};

obj1 == obj2;
// false
obj1 === obj2;
// false
```

동일한 객체를 비교할 때만 true를 반환받을 수 있음을 볼 수 있다.

자바스크립트에서 객체의 복사본을 만드는 빠른 방법 중 하나는 Object.assign()을 사용하는 방법이다.

```
const car = {
  color:'red',
};
```

```
const secondCar = Object.assign({}, car);
car.wheels = 4;
console.log(car);
// {color: 'red', wheels: 4}
console.log(secondCar);
// {color: 'red'}
```

이렇게 하면 car를 업데이트해도 secondCar에는 영향을 주지 않는다. Object.
assign()의 첫 번째 인수argument는 복사본에 해당하는 객체이고, 두 번째 인수는
원본에 해당하는 객체이다. 이 예에서는 빈 객체를 복사본으로 넣고, car를 원본
으로 넣었다.

자바스크립트의 객체 복사에 대해 더 자세히 알아보고 싶다면, Scotch.io의 게시
물을 읽어보기를 권장한다.

- *https://scotch.io/bar-talk/copying-objects-in-javascript*

배열

앞에서 살펴본 것처럼 객체는 키/값 쌍key-value pair에 데이터를 저장한다. 객체를
배웠으니 이제 배열이 무엇인지 알아볼 차례다.

배열array은 순서대로 값을 저장하는 객체이다. 이런 예에서 car를 저장하기 위해
객체를 사용한 이유는 키를 통해 쉽게 접근할 수 있다는 특징이 있기 때문이었다.
하지만 항목으로 이뤄진 목록만 저장할 때는 객체를 만들 필요가 없다. 대신 배열
을 사용하면 된다.

예를 들어보자.

```
const fruitBasket = ['apple', 'banana', 'orange'];
```

이렇게 만들어진 배열의 각 항목의 값에 접근할 때는 인덱스index를 사용하면 된

다. 배열의 인덱스는 0부터 시작한다.

```javascript
const fruitBasket = ['apple', 'banana', 'orange'];
console.log(fruitBasket[0]);
// apple
console.log(fruitBasket[1]);
// banana
console.log(fruitBasket[2]);
// orange
```

배열에 대해 호출할 수 있는 많은 메서드가 있다. 가장 유용한 몇 가지를 살펴보자.

```javascript
const fruitBasket = ['apple', 'banana', 'orange'];
// 배열의 길이를 확인
console.log(fruitBasket.length);
// 3

// 배열의 끝에 새 값을 추가
fruitBasket.push('pear');
console.log(fruitBasket);
// ["apple", "banana", "orange", "pear"]

// 배열의 시작에 새 값을 추가
fruitBasket.unshift('melon');
console.log(fruitBasket);
// ["melon", "apple", "banana", "orange", "pear"]

// 배열의 끝에서 값 하나를 제거
fruitBasket.pop();
console.log(fruitBasket);
// ["melon", "apple", "banana", "orange"]

// 배열의 시작에서 값 하나를 제거
fruitBasket.shift();
console.log(fruitBasket);
// ["apple", "banana", "orange"]
```

이러한 메서드를 사용하여 배열의 시작 또는 끝에서 원소를 쉽게 추가하고 제거할 수 있다.

MDN에서 배열에 사용할 수 있는 메서드의 긴 목록을 열람할 수 있다.

- *https://developer.mozilla.org/en-US/docs/Web/JavaScript/Reference/Global_Objects/Array*

typeof를 사용해서 자료형 확인하기

typeof를 사용하면 변수가 어떤 값을 담았는지 알 수 있다. 다음 예를 보자.

```
const str = "hello";
typeof(str);
// "string"

const num = 12;
typeof(num);
// "number"

const arr = [1, 2, 3];
typeof(arr);
// "object"

const obj = {prop: 'value'};
typeof(obj);
// "object"
```

여기서 중요한 점을 다시 짚고 넘어가겠다. 배열은 원시 자료형이 아니라 객체다!

지금까지의 예는 간단해 보이지만, 다음을 시도하면 어떻게 될까?

```
typeof(null);
```

우리는 null이 원시 자료형이라는 것을 알고 있다. 그렇다면 결과 역시 null이

되는 것일까?

```
typeof(null);
// "object"
```

간단히 말하자면, 이는 자바스크립트의 첫 번째 구현에서 발생한 버그이다. 이 버그에 대해 더 자세히 알고 싶다면 다음 글을 참고하기를 권한다.

- *https://2ality.com/2013/10/typeof-null.html*

0.3 함수

함수^{function}는 온갖 계산과 작업을 수행하는 데 쓰이는 매우 중요한 도구이다. 자바스크립트에서 함수를 선언하는 방법은 몇 가지가 있다.

우선 기본적인 **함수 정의**^{function definition}의 예를 살펴보자.

```
function greet(name) {
  console.log("hello " + name);
}
greet("Alberto");
// hello Alberto
```

호출될 때 문자열을 로그로 기록하는 간단한 함수이다. 첫 행의 괄호 안의 변수는 매개변수^{parameter}라고 불리며, 중괄호 안의 코드는 **명령문**^{statement}이다. 이 경우에는 간단하게 console.log()만 들어갔다.

여기에서 중요한 점은 원시 자료형이 함수에 전달될 때는 참조가 아니라 값의 형태로 전달된다는 점이다. 이는 해당 값에 대한 변경 사항이 전역적으로 반영되지 않음을 의미한다. 반면, 원시 자료형이 아닌 객체나 배열을 함수에 전달할 때는 참조로 전달된다. 즉, 해당 값에 대한 수정 사항이 원래의 객체에 반영된다. 예를 살펴보자.

```
let myInt = 1;

function increase(value) {
  return value += 1;
}

console.log(myInt);
// 1
console.log(increase(myInt));
// 2
console.log(myInt);
// 1
```

이 예제에서는 정수의 값을 증가시켰지만, 원래 변수에는 영향을 주지 않았다. 다음으로 객체를 사용한 예를 보자.

```
let myCar = {
  maker: "bmw",
  color: "red"
};

console.log(myCar);
// {maker: "bmw", color: "red"}

function changeColor(car) {
  car.color = "blue";
}

changeColor(myCar);
console.log(myCar);
// {maker: "bmw", color: "blue"}
```

매개변수 car는 객체 myCar에 대한 참조에 불과하므로, 이를 수정하면 myCar 객체도 변경된다는 것을 볼 수 있다.

함수를 선언하는 또 다른 방법은 **함수 표현식**function expression을 사용하는 방법이다.

```javascript
const greeter = function greet(name) {
  console.log("hello " + name);
};
greeter("Alberto");
// hello Alberto
```

여기서는 greeter라는 const에 greet 함수를 할당했다. 함수 표현식을 사용하여 **익명 함수**anonymous function를 만들 수도 있다. 다음은 익명 함수를 사용하는 예인데, 결과 자체는 앞의 예와 동일하다.

```javascript
const greeter = function(name) {
  console.log("hello " + name);
}
greeter("Alberto");
// hello Alberto
```

greet 함수에서 함수명인 greet를 제거하여 익명 함수를 만들었다.

ES6에서 도입된 **화살표 함수**arrow function를 사용해서 같은 함수를 다른 방법으로 선언할 수도 있다.

```javascript
const greeter = (name) => {
  console.log("hello " + name);
};
greeter("Alberto");
// hello Alberto
```

이런 예에서 function 키워드가 사라지고, 매개변수 뒤에 뚱뚱한 화살표(=>)가 있는 것을 볼 수 있다.

화살표 함수의 특징에 대해서는 2장에서 자세히 살펴볼 것이다.

0.4 함수 스코프와 this 키워드의 이해

스코프^{scope}는 자바스크립트에서 이해해야 할 가장 중요한 개념이라고 해도 과언이 아니다.

스코프

변수의 스코프란 변수에 접근할 수 있는 위치를 제어한다. **전역 스코프**^{global scope}를 가지는 변수는 코드의 어느 곳에서나 접근할 수 있다. **블록 스코프**^{block scope}를 가지는 변수는 변수가 선언된 블록 내부에서만 접근할 수 있다.

여기에서 **블록**^{block}은 함수, 루프, 혹은 중괄호({})로 구분되는 모든 영역을 의미한다.

먼저 키워드 var를 사용하는 두 가지 예를 살펴보자.

```
var myInt = 1;

if (myInt === 1) {
  var mySecondInt = 2;
  console.log(mySecondInt);
  // 2
}
console.log(mySecondInt);
// 2
```

이와 같이 var 키워드로 선언된 변수 mySecondInt는 블록 스코프를 가지지 않기 때문에 블록 외부에서도 그 값에 접근할 수 있다.

이제 let 키워드를 사용해보자.

```
var myInt = 1;

if (myInt === 1) {
```

```
  let mySecondInt = 2;
  console.log(mySecondInt);
  // 2
}
console.log(mySecondInt);
// Uncaught ReferenceError: mySecondInt is not defined
```

이번에는 블록 스코프 외부에서 변수에 접근할 수 없으며, 접근을 시도하면 'mySecondInt is not defined' 오류가 발생하는 것을 볼 수 있다.

let 또는 const 키워드로 선언된 변수는 변수가 선언된 위치에 해당하는 블록 스코프를 가지게 된다. 스코프에 대한 자세한 내용은 1장에서 더 다룬다.

this 키워드

this 키워드는 스코프에 이어 두 번째로 중요한 개념이다.

먼저 간단한 예를 들어보자.

```
const myCar = {
  color: 'red',
  logColor: function() {
    console.log(this.color);
  },
};
myCar.logColor();
// red
```

이 예에서 this 키워드가 myCar 개체를 참조한다는 것은 자명하다.

this의 값은 함수가 호출되는 방식에 따라 다르다. 앞의 예에서 함수는 객체의 메서드로 호출되었다.

반면, 아래의 예를 보자.

```
function logThis() {
  console.log(this);
}
logThis();
// Window {…}
```

이 함수는 전역 범위에서 호출했으므로 this 값은 Window 객체를 참조한다.

스트릭트 모드strict mode로 설정하면 실수로 Window 객체를 참조하는 것을 방지할 수 있다.

스트릭트 모드를 설정하려면 자바스크립트 파일의 시작 부분에 'use strict'; 를 삽입하면 된다.

이렇게 하면 자바스크립트에 보다 엄격한 규칙를 적용할 수 있다. 엄격한 규칙 중에는 전역 객체의 값을 Window 객체 대신에 undefined로 설정하는 규칙이 있어서, 전역 범위로 정의된 this 키워드의 값도 undefined가 된다.

this 값을 수동으로 설정하고자 할 때는 .bind()를 사용할 수 있다.

```
const myCar = {
  color: 'red',
  logColor: function() {
    console.log(this.color);
  },
};

const unboundGetColor = myCar.logColor;
console.log(unboundGetColor());
// undefined
const boundGetColor = unboundGetColor.bind(myCar);
console.log(boundGetColor());
// red
```

위 예제의 흐름을 단계별로 살펴보자.

- 먼저 이전 예제와 유사한 객체를 생성했다.

- unboundGetColor를 myCar의 logColor 메서드와 동일하게 설정했다.

- unboundGetColor를 호출하면 this.color를 찾으려고 하지만 전역 범위의 this가 호출되기 때문에 그 값은 Window 객체가 되고, 이 객체에는 color가 없으므로 결과는 undefined가 된다.

- .bind()를 사용하여 boundGetColor의 this 키워드가 괄호 안의 객체, 즉 여기서는 myCar를 참조함을 알린다.

- boundGetColor를 호출하면 의도했던 결과를 얻게 된다.

this 키워드의 값을 설정하는 데 사용할 수 있는 또 다른 방법으로는 .call()과 .apply() 두 가지 방법이 있다. 두 메서드 모두 주어진 this의 값으로 함수를 호출한다는 점에서 비슷하지만, 받아들이는 인수가 약간 다르다. .call()은 인수의 목록을 받는 반면 .apply()는 하나의 인수 배열을 받는다.

.call()을 사용하는 다음 예제를 살펴보자.

```javascript
function Car(maker, color) {
  this.carMaker = maker;
  this.carColor = color;
}

function MyCar(maker, color) {
  Car.call(this, maker, color);
  this.age = 5;
}
const myNewCar = new MyCar('bmw', 'red');
console.log(myNewCar.carMaker);
// bmw
console.log(myNewCar.carColor);
// red
```

.call()에 MyCar 객체를 전달하여 this.carMaker가 MyCar의 인수로 전달한

maker로 설정되도록 했다. color도 마찬가지로 처리했다.

다음으로 .apply()를 사용한 예제를 보고 .call()과의 차이점을 확인해보자.

```javascript
function Car(maker, color) {
  this.carMaker = maker;
  this.carColor = color;
}

function MyCar(maker, color) {
  Car.apply(this, [maker, color]);
  this.age = 5;
}
const myNewCar = new MyCar('bmw', 'red');
console.log(myNewCar.carMaker);
// bmw
console.log(myNewCar.carColor);
// red
```

결과는 동일했지만, 이와 같이 .apply()는 인수 목록이 담긴 배열을 받는다.

함수에 필요한 인수의 수를 모르거나 알 필요가 없을 때에는 .apply()를 주로 쓰게 된다. 이런 경우에 .call()은 인수를 개별적으로 전달해야 하므로 사용할 수 없다. .apply()는 배열을 전달할 수 있고, 배열에 포함된 원소의 수에 관계없이 함수 내부로 전달할 수 있다.

```javascript
const ourFunction = function(item, method, args) {
  method.apply(args);
};
ourFunction(item, method, ['argument1', 'argument2']);
ourFunction(item, method, ['argument1', 'argument2', 'argument3']);
```

이런 예와 같이, 전달하는 인수의 수에 관계없이 .apply()가 호출될 때 개별적으로 각 인수가 적용된다.

Quiz

0.1 다음 중 변수 이름 지정 방법이 잘못된 것은?

   ① `var very_important = "very_important";`

   ② `var important_999 = "important_999";`

   ③ `var important! = "important!";`

   ④ `var VeRY_ImP_orTant = "VeRY_ImP_orTant";`

0.2 다음 중 원시 자료형이 아닌 것은?

   ① `symbol`

   ② `boolean`

   ③ `null`

   ④ `Object`

0.3 다음 중 객체를 정의하는 올바른 방법은?

   ① `const car: {color: "red"};`

   ② `const car = {color = "red"};`

   ③ `const car = {color: "red"};`

   ④ `const car: {color = "red"};`

0.4 다음 코드의 올바른 출력은 무엇인가?

```
const obj1 = {a: 1};
const obj2 = {a: 1};

console.log(obj1 === obj2);
```

① true

② undefined

③ false

④ null

0.5 다음 코드의 올바른 출력은 무엇인가?

```
const fruitBasket = ['apple', 'banana', 'orange'];
fruitBasket.unshift('melon');
console.log(fruitBasket);
```

① ["apple", "banana", "orange", "melon"]

② ["melon"]

③ ["apple", "banana", "orange", "pear", "melon"]

④ ["melon", "apple", "banana", "orange"]

var, let, const

ES6부터 let과 const가 도입되었고, 필요에 맞게 변수를 정의하는 것이 더 용이해졌다. 앞 장에서 이 세 키워드의 기본적인 차이점을 살펴봤으므로, 여기에서는 더 세부적인 내용을 다뤄보겠다.

1.1 var, let, const의 차이

var

var 키워드로 선언된 변수는 함수 스코프에 종속된다. 반면 for 루프(블록 스코프) 내에서 var 키워드로 변수를 선언하면 이 변수를 for 루프 밖에서도 사용할 수 있다.

```
for (var i = 0; i < 10; i++) {
  var leak = "I am available outside of the loop";
}

console.log(leak);
// I am available outside of the loop

function myFunc() {
  var functionScoped = "I am available inside this function";
  console.log(functionScoped);
}
myFunc();
// I am available inside this function
console.log(functionScoped);
// ReferenceError: functionScoped is not defined
```

첫 번째 예제에서는 var의 값이 블록 스코프를 벗어나도 for 루프 외부에서 접근할 수 있는 반면, 두 번째 예제에서는 var가 함수 스코프 내에 제한되어 함수 외부에서 접근할 수 없다.

let

let(및 const) 키워드로 선언된 변수는 블록 스코프로 종속된다. 즉, 변수가 선언된 블록과 그 하위 블록 내에서만 사용할 수 있다.

```
// let 사용의 예
let x = "global";

if (x === "global") {
  let x = "block-scoped";

  console.log(x);
  // block-scoped
}

console.log(x);
// global

// var 사용의 예
var y = "global";

if (y === "global") {
  var y = "block-scoped";

  console.log(y);
  // block-scoped
}

console.log(y);
// block-scoped
```

이처럼 블록 스코프 내에서 let으로 선언한 변수에 새 값을 할당했을 때 블록 바깥에서는 그 값이 변경되지 않았다. 반면 var로 선언된 변수에 대해 동일한 작업을 하면 블록 스코프 외부에서 접근이 가능하므로 블록 바깥에서도 값이 변경되는 것을 볼 수 있다.

const

let과 마찬가지로 const로 선언된 변수도 블록 스코프에 종속되지만, 차이점이 있다면 재할당을 통해 값이 변경될 수 없고 다시 선언될 수도 없다는 점이다.

```
const constant = 'I am a constant';
constant = "I can't be reassigned";

// Uncaught TypeError: Assignment to constant variable
```

중요한 사실 한 가지. const로 선언된 변수가 불변이라는 의미는 아니다.

const에 객체가 담겼다면?

```
const person = {
  name: 'Alberto',
  age: 25,
};

person.age = 26;
console.log(person.age);
// 26
```

이 경우에는 변수 전체를 재할당하는 것이 아니라 그 속성 중 하나만 재할당하는 것이므로, 문제가 없다.

참고로, 객체의 내용을 변경할 수 없게 const 객체를 고정할 수는 있다(하지만 객체의 값을 변경하려고 시도할 때 자바스크립트가 오류를 던지지는 않는다).

```
const person = {
  name: 'Alberto',
  age: 25,
};

person.age = 26;
```

```
console.log(person.age);
// 26

Object.freeze(person);

person.age = 30;

console.log(person.age);
// 26
```

1.2 TDZ

이번에 살펴볼 개념인 **TDZ**^{temporal dead zone}(일시적 비활성 구역)은 이름부터가 굉장히 복잡해 보이는데, 실상 내용은 그리 복잡하지 않다.

먼저 간단한 예를 살펴보자.[1]

```
console.log(i);
var i = "I am a variable";

// undefined

console.log(j);
let j = "I am a let";

// ReferenceError: can't access lexical declaration `j' before initiali
zation
```

**var는 정의되기 전에 접근할 수 있지만, 그 값에는 접근할 수 없다. let과 const
는 정의하기 전에 접근할 수 없다.**

var, let, const 모두 다른 소스에서 읽을 수 있는 내용임에도 불구하고 **호이스
팅**^{hoisting}의 대상이 된다. 즉, 코드가 실행되기 전에 처리되고 해당 스코프(글로벌

---

1 옮긴이_ 예제의 오류 메시지는 크롬이 아니라 파이어폭스 실행 결과다.

이든 블록이든) 상단으로 올라간다.

var가 가지는 가장 큰 차이점은 정의되기 전에도 접근할 수 있다는 점에 있다. 즉, 정의되기 전에는 undefined 값을 가지게 된다. 반면, let은 변수가 선언될 때까지 일시적으로 비활성 구역, 즉 TDZ에 있게 된다. 따라서 초기화 전에 변수에 접근하면 오류가 발생한다. undefined 값을 얻는 것보다는 오류가 발생하는 편이 코드 디버깅이 더 쉽다.

1.3 var, let, const를 적재적소에 쓰는 법

이들 각각을 어디에 사용할 것인지에 대한 규칙은 없으며 자바스크립트 커뮤니티의 사람들 사이에서도 서로 의견이 갈린다. 여기서는 자바스크립트 커뮤니티의 인기 개발자들이 제시한 두 가지 의견을 소개한다.

첫 번째는 마티아스 바인스[Mathias Bynes]의 의견이다(*https://mathiasbynens.be/notes/es6-const*).

- 기본적으로 const를 사용하자.
- 재할당이 필요한 경우에만 let을 사용하자.
- var는 ES6에서 절대 사용하지 않는다.

두 번째 의견은 카일 심슨[Kyle Simpson](*https://me.getify.com*)의 의견이다.

- 여러 큰 스코프에서 공유하기 위한 최상위 변수에는 var를 사용한다.
- 작은 스코프의 로컬 변수에는 let을 사용한다.
- 코드 작성이 어느 정도 진행된 후에만 let을 const로 리팩터링한다. 변수 재할당을 막아야 하는 경우라는 것이 확실해야 한다.

어느 쪽 의견을 따를지는 전적으로 독자 여러분에게 달려 있다. 뭐든 그렇지만 스스로 연구해보고 어떤 방향이 가장 좋은지 생각해보자.

필자 개인적으로는, 기본적으로 const를 사용하고 값을 재할당해야 하는 경우에만 const를 let으로 바꾸는 것이 좋다고 생각한다.

Quiz

1.1 다음 코드의 올바른 출력은?

```javascript
var greeting = "Hello";

greeting = "Farewell";

for (var i = 0; i < 2; i++) {
  var greeting = "Good morning";
}

console.log(greeting);
```

① Hello

② Good morning

③ Farewell;

1.2 다음 코드의 올바른 출력은?

```javascript
let value = 1;

if (true) {
  let value = 2;
  console.log(value);
}

value = 3;
```

① 1

② 2

③ 3

1.3 다음 코드의 올바른 출력은?

```javascript
let x = 100;

if (x > 50) {
  let x = 10;
}

console.log(x);
```

① 10

② 100

③ 50

1.4 다음 코드의 올바른 출력은?

```
console.log(constant);

const constant = 1;
```

① undefined

② ReferenceError

③ 1

CHAPTER 02

화살표 함수

2.1 화살표 함수

ES6에서 뚱뚱한 화살표(=>)를 사용해서 함수를 선언하는 방법인 **화살표 함수**가 처음 도입되었다. ES5에서 일반적으로 함수를 선언하는 방법은 다음과 같았다.

```
const greeting = function(name) {
  return "hello " + name;
};
```

이를 화살표 함수 문법으로 바꾸면 다음과 같다.[1]

```
var greeting = (name) => {
  return `hello ${name}`;
};
```

매개변수가 하나만 있으면 괄호를 생략하고 다음과 같이 쓸 수도 있다.

```
var greeting = name => {
  return `hello ${name}`;
};
```

매개변수가 전혀 없으면 다음과 같이 빈 괄호를 써야 한다.

```
var greeting = () => {
  return "hello";
};
```

---

1 **옮긴이_** 함수 본문 역시 ES6의 템플릿 리터럴을 사용하는 것으로 바뀌었다. 템플릿 리터럴은 4장에서 살펴본다.

.

2.2 암시적 반환

화살표 함수를 사용하면 명시적인 반환을 생략하고 다음과 같이 반환할 수 있다.

```
const greeting = name => `hello ${name}`;
```

ES5의 함수와 나란히 비교해보자.

```
const oldFunction = function(name) {
  return "hello " + name;
};

const arrowFunction = name => `hello ${name}`;
```

두 함수 모두 결과는 같지만, 새로 도입된 문법을 사용하면 코드가 더 간결해진다.

하지만 주의하자! 코드의 간결함보다 더 중요한 것은 가독성이다. 팀 단위의 프로젝트에서 모든 팀원이 ES6의 문법을 숙지하지는 못했다면, 함수를 다음과 같이 작성하는 것이 좋다.

```
const arrowFunction = (name) => {
  return `hello ${name}`;
};
```

객체 리터럴을 암시적으로 반환해야 한다면, 다음과 같은 코드를 사용할 수 있다.

```
const race = "100m dash";
const runners = ["Usain Bolt", "Justin Gatlin", "Asafa Powell"];

const results =
  runners.map((runner, i) => ({name: runner, race, place: i + 1}));

console.log(results);
```

```
// [{name: "Usain Bolt", race: "100m dash", place: 1}
// {name: "Justin Gatlin", race: "100m dash", place: 2}
// {name: "Asafa Powell", race: "100m dash", place: 3}]
```

이 예에서는 map 함수를 사용하여 runners 배열에 대한 반복(순회)^{iteration}을 구현한다. 첫 번째 인수 runner는 배열의 현재 원소고, i는 배열의 인덱스이다. 배열의 각 원소에 대해 name, race, place 속성을 포함하는 객체를 results에 추가한다.

중괄호 안에 있는 것이 암시적으로 반환하려는 객체 리터럴임을 자바스크립트에 알리려면, 전체를 괄호 안에 감싸야 한다.

여기서 race를 쓰나 race: race를 쓰나 모두 결과는 동일하다.

2.3 화살표 함수는 익명 함수

이전 예제에서 볼 수 있듯이 화살표 함수는 익명 함수이다.

참조할 이름이 필요하다면 함수를 변수에 할당하면 된다.

```
const greeting = name => `hello ${name}`;

greeting("Tom");
```

2.4 화살표 함수와 this 키워드

화살표 함수 내부에서 this 키워드를 사용할 때는 일반 함수와 다르게 동작하므로 주의해야 한다.

화살표 함수를 사용할 때 this 키워드는 상위 스코프에서 상속된다.

이런 특성을 다음과 같은 경우에 유용하게 쓸 수 있다.

HTML

```html
<div class="box open">
    This is a box
</div>
```

CSS

```css
.opening {
    background-color: red;
}
```

JS

```javascript
// box 클래스를 가진 div를 가져온다
const box = document.querySelector(".box");
// click 이벤트 핸들러를 등록
box.addEventListener("click", function() {
  // div에 opening 클래스를 토글
  this.classList.toggle("opening");
  setTimeout(function() {
    // 클래스를 다시 토글
    this.classList.toggle("opening");
  }, 500);
});
```

이 코드의 문제는, 첫 번째 this가 const box에 할당되었지만 setTimeout 내부의 두 번째 this는 Window 객체로 설정되어 다음과 같은 오류가 발생한다는 점이다.

```
Uncaught TypeError: cannot read property "toggle" of undefined
```

화살표 함수가 부모 스코프에서 this의 값을 상속한다는 것을 인지하면, 다음과 같이 함수를 다시 작성할 수 있다.

```javascript
const box = document.querySelector(".box");
// click 이벤트 핸들러를 등록
box.addEventListener("click", function() {
  // div에 opening 클래스를 토글
  this.classList.toggle("opening");
  setTimeout(() => {
    // 클래스를 다시 토글
    this.classList.toggle("opening");
  }, 500);
});
```

여기서 두 번째 this는 부모로부터 상속되며 const box로 설정된다.

예제 코드를 실행하면 div가 0.5초 안에 빨간색으로 변하는 것을 볼 수 있다.

2.5 화살표 함수를 피해야 하는 경우

this 키워드의 상속에 대해 알았으니, 화살표 함수를 사용하면 문제가 될 수 있는 상황을 정리해보자.

다음 예는 화살표 함수에서 this를 주의해서 사용해야 하는 경우이다.

```javascript
const button = document.querySelector("btn");
button.addEventListener("click", () => {
  // 오류: 여기서 this는 Window 객체를 가리킴
  this.classList.toggle("on");
});
```

다음과 같은 예도 마찬가지다.

```javascript
const person1 = {
  age: 10,
  grow: function() {
    this.age++;
    console.log(this.age);
  },
};

person1.grow();
// 11

const person2 = {
  age: 10,
  grow: () => {
    // 오류: 여기서 this는 Window 객체를 가리킴
    this.age++;
    console.log(this.age);
  },
};

person2.grow();
```

화살표 함수와 일반 함수의 또 다른 차이점은 arguments 객체에 대한 접근 방식이다.

arguments 객체는 함수 내부에서 접근할 수 있는 배열 객체이며, 해당 함수에 전달된 인수의 값을 담고 있다.

간단한 예를 살펴보자.

```javascript
function example() {
  console.log(arguments[0]);
}

example(1, 2, 3);
// 1
```

이와 같이 배열 표기법 arguments[0]을 사용하면 첫 번째 인수에 접근할 수 있다.

this 키워드와 비슷하게, 화살표 함수에서 arguments 객체는 부모 스코프의 값을 상속한다.

앞에서 본 예제의 runners 배열을 응용한 다음 예를 살펴보자.

```
const showWinner = () => {
  const winner = arguments[0];
  console.log(`${winner} was the winner`);
};

showWinner("Usain Bolt", "Justin Gatlin", "Asafa Powell");
```

이 코드는 다음을 반환한다.

```
ReferenceError: arguments is not defined
```

함수에 전달된 모든 인수에 접근하려면, 기존 함수 표기법이나 스프레드 문법(9장에서 자세히 설명한다)을 사용하면 된다.

여기서 arguments는 변수 이름이 아니라 키워드라는 점에 유의하자.

화살표 함수로 arguments에 접근하는 예는 다음과 같다.

```
const showWinner = (...args) => {
  const winner = args[0];
  console.log(`${winner} was the winner`);
};
showWinner("Usain Bolt", "Justin Gatlin", "Asafa Powell");
// Usain Bolt was the winner
```

이를 일반 함수로 구현하면 다음과 같다.

```
const showWinner = function() {
  const winner = arguments[0];
  console.log(`${winner} was the winner`);
};
showWinner("Usain Bolt", "Justin Gatlin", "Asafa Powell");
// Usain Bolt was the winner
```

Quiz

2.1 다음 중 화살표 함수를 문법에 맞게 활용한 예는?

```
let arr = [1, 2, 3];

//a)
let func = arr.map(n -> n + 1);

//b)
let func = arr.map(n => n + 1);

//c)
let func = arr.map(n ~> n + 1);
```

① a

② b

③ c

2.2 다음 코드의 올바른 출력은?

```
const person = {
  age: 10,
  grow: () => {
    this.age++;
  },
};
person.grow();

console.log(person.age);
```

① 10

② 11

③ undefined

2.3 화살표 함수 문법을 사용해서 다음 코드를 리팩터링하자.

```
function(arg) {
  console.log(arg);
}
```

CHAPTER 03

함수 기본값 인수

3.1 함수 인수의 기본값(ES6 이전)

ES6 이전에는 함수 인수의 **기본값**^{default value}을 설정하는 것이 쉽지 않았다. 다음 예를 살펴보자.

```
function getLocation(city, country, continent) {
  if (typeof country === 'undefined') {
    country = 'Italy';
  }
  if (typeof continent === 'undefined') {
    continent = 'Europe';
  }
  console.log(continent, country, city);
}

getLocation('Milan');
// Europe Italy Milan

getLocation('Paris', 'France');
// Europe France Paris
```

예제의 함수는 city, country, continent 세 가지 인수를 취한다. 함수 본문에서 country 또는 continent가 정의되지 않았는지 확인하고, 정의되지 않은 경우에만 기본값을 제공하는 것이 이 코드의 내용이다.

getLocation('Milan')이라고 호출하면 두 번째, 세 번째 매개변수(country와 continent)는 정의되지 않았으므로 함수의 기본값으로 대체된다.

그러나 기본값이 인수 목록의 끝이 아닌 시작 부분에 있도록 하려면 어떻게 해야 할까?

```
function getLocation(continent, country, city) {
  if (typeof country === 'undefined') {
    country = 'Italy';
  }
```

```
  if (typeof continent === 'undefined') {
    continent = 'Europe';
  }
  console.log(continent, country, city);
}

getLocation(undefined, undefined, 'Milan');
// Europe Italy Milan

getLocation(undefined, 'Paris', 'France');
// Europe Paris France
```

첫 번째 인수를 기본값으로 바꾸기 위한 깔끔하고 멋진 방법은 없고, 그저 인수로
undefined 값을 전달해야 한다. 다행히 ES6는 우리를 구원하기 위한 **함수 기본값
인수**^{default function argument}를 제공한다.

3.2 함수 기본값 인수

ES6에서는 함수 기본값 인수를 매우 쉽게 설정할 수 있다. 예를 들어보자.

```
function calculatePrice(total, tax = 0.1, tip = 0.05) {
  // tax나 tip에 값을 할당하지 않으면 기본값으로 0.1과 0.05가 쓰인다.
  return total + (total * tax) + (total * tip);
}
```

다음과 같이 매개변수를 아예 전달하지 않으려면 어떻게 해야 할까?

```
// tip에 0.15를 할당하려 했지만, 아래처럼 쓰면 0.15는 두 번째 인수 tax
에 할당된다.
calculatePrice(100, 0.15);
```

다음과 같이 코드를 바꾸면 해결할 수는 있다.

```
// 이렇게 쓰면 tip에 0.15를 할당하게 된다.
calculatePrice(100, undefined, 0.15);
```

원하는 대로 작동하기는 하지만 그리 깔끔한 방법은 아니다. 이를 어떻게 개선할 수 있을까?

디스트럭처링^{destructuring}을 통해 코드를 다음과 같이 바꿔 쓸 수 있다.

```
function calculatePrice({total = 0, tax = 0.1, tip = 0.05,} = {}) {
  return total + (total * tax) + (total * tip);
}

const bill = calculatePrice({tip: 0.15, total: 150});
// 187.5
```

함수의 인수를 객체로 만들었다. 함수를 호출하면 매개변수가 주어진 키에 맞춰서 입력되기 때문에 매개변수의 순서에 대해 걱정할 필요가 없다.

앞의 예에서는 **tip**의 기본값은 0.05이지만 0.15로 덮어 썼고 **tax**는 값을 덮어 쓰지 않아 기본값인 0.1로 유지되었다.

이 코드에서 다음 부분에 주목하자.

```
{total = 0, tax = 0.1, tip = 0.05,} = {}
```

여기서 인수 객체를 빈 객체로 기본 설정하지 않고(즉 = {}를 빼고) 선언한 다음 아무 매개변수도 없이 calculatePrice()를 실행하면 다음과 같은 오류가 발생한다.

```
Cannot destructure property `total` of 'undefined' or 'null'.
```

= {}를 추가해야 인수를 기본적으로 객체로 설정한다. 함수에 매개변수를 어떻

게 전달하든 상관없이 인수는 객체가 된다.

```
calculatePrice({});
// 0
calculatePrice();
// 0
calculatePrice(undefined);
// 0
```

인수로 무엇을 전달했는지에 상관없이 total, tax, tip 세 가지 기본 속성을 가진 객체로 기본 설정되었다.

= {}가 없는 코드의 결과와 비교해보자.

```
function calculatePrice({total = 0, tax = 0.1, tip = 0.05,}) {
  return total + (total * tax) + (total * tip);
}

calculatePrice({});
// 0
calculatePrice();
// cannot read property `total` of 'undefined' or 'null'.
calculatePrice(undefined);
// cannot read property `total` of 'undefined' or 'null'.
```

디스트럭처링이 무엇인지 모르겠다고? 걱정하지 말자. 6장에서 자세히 설명할 것이다.

3.1 다음 작업을 수행하는 코드를 작성해보자.

다음 코드에서 arg1과 arg2를 변경하여 첫 번째는 tax를 나타내고 두 번째는 tip의 값을 나타내게 만들어보자.

tax에는 기본값 0.1을 지정하고 tip에는 기본값 0.05를 지정하자.

```
function calculatePrice(total, arg1, arg2) {
  return total + (total * tax) + (total * tip);
}
calculatePrice(10);
// 예상 결과: 11.5
```

3.2 다음 코드의 올바른 출력은?

```
var b = 3;
function multiply(a, b = 2) {
  return a * b;
}
console.log(multiply(5));
```

① 2

② 5

③ 10

④ 15

CHAPTER 04

템플릿 리터럴

ES6 이전에는 템플릿 문자열template string이라고 부르던 것을 ES6에 와서는 **템플릿 리터럴**template literal이라고 부르게 되었다. ES6에서 문자열을 삽입interpolate하는 방식이 어떻게 변경되었는지 살펴보자.

4.1 문자열 삽입

ES5에서는 문자열을 삽입하기 위한 코드를 다음과 같이 작성했다.

```javascript
var name = "Alberto";
var greeting = 'Hello my name is ' + name;

console.log(greeting);
// Hello my name is Alberto
```

ES6에서는 백틱backtick(`` ` ``)을 사용하여 코드를 더 쉽게 작성할 수 있게 되었다.

```javascript
let name  = "Alberto";
const greeting = `Hello my name is ${name}`;

console.log(greeting);
// Hello my name is Alberto
```

4.2 표현식 삽입

표현식을 삽입하려면 ES5에서는 다음 예시처럼 코드를 작성했다.

```javascript
var a = 1;
var b = 10;
console.log('1 * 10 is ' + (a * b));
// 1 * 10 is 10
```

ES6에서는 백틱을 사용하여 타이핑을 줄일 수 있다.

```
var a = 1;
var b = 10;
console.log(`1 * 10 is ${a * b}`);
// 1 * 10 is 10
```

4.3 여러 줄 문자열 생성

ES5에서는 HTML 프래그먼트 등에 사용할 여러 줄로 이뤄진 문자열을 다음과 같이 구현했다.

```
// 각 행마다 백슬래시를 삽입해야 함
var text = "hello, \
my name is Alberto \
how are you?\ ";
```

ES6에서는 전체를 백틱으로 감싸기만 하면 된다. 더 이상 백슬래시 지옥을 겪지 않아도 된다.

```
const content = `hello,
my name is Alberto
how are you?`;
```

4.4 중첩 템플릿

다음과 같이 템플릿 안에 템플릿을 중첩하는 것도 매우 쉽다.

```
const people = [{
```

```
    name: 'Alberto',
    age: 27,
  }, {
    name: 'Caroline',
    age: 27,
  }, {
    name: 'Josh',
    age: 31,
  }
];

const markup = `
<ul>
  ${people.map(person => `<li>  ${person.name}</li>`)}
</ul>
`;
console.log(markup);

// <ul>
//   <li>  Alberto</li>,<li>  Caroline</li>,<li>  Josh</li>
// </ul>
```

여기서는 map 함수를 사용하여 people의 각 원소에 대해 반복 동작을 수행하고 people 내에 있는 name을 담아 li 태그를 표시했다.

4.5 삼항 연산자 추가하기

삼항 연산자ternary operator를 사용하면 템플릿 문자열 내에 로직을 쉽게 추가할 수 있다.

삼항 연산자의 문법은 다음과 같다.

```
const isDiscounted = false;

function getPrice() {
  console.log(isDiscounted ? "$10" : "$20");
```

```
}
getPrice();
// $20
```

? 앞의 조건이 **true**이면 첫 번째 값이 반환되고, 그렇지 않으면 : 뒤에 있는 값이
반환된다.

```
// name, age와 함께 artist를 생성
const artist = {
  name: "Bon Jovi",
  age: 56,
};

// artist 객체에 song 프로퍼티가 있을 때만 문장에 추가하고,
// 없으면 아무것도 반환하지 않음
const text = `
  <div>
    <p>  ${artist.name} is ${artist.age} years old ${artist.song ? `and
wrote the song ${artist.song}` : '' }
    </p>
  </div>
`;
// <div>
//   <p>  Bon Jovi is 56 years old
//   </p>
// </div>
const artist = {
  name: "Trent Reznor",
  age: 53,
  song: 'Hurt',
};
// <div>
//   <p>  Trent Reznor is 53 years old and wrote the song Hurt
//   </p>
// </div>
```

4.6 템플릿 리터럴에 함수 전달하기

다음 예제 코드처럼, 필요하면 템플릿 리터럴 내에 함수를 전달할 수도 있다 (${groceryList(groceries.others)} 부분).

```javascript
const groceries = {
  meat: "pork chop",
  veggie: "salad",
  fruit: "apple",
  others: ['mushrooms', 'instant noodles', 'instant soup'],
};

// groceries의 각 값에 대해 map()을 수행하는 함수
function groceryList(others) {
  return `
    <p>
      ${others.map( other => ` <span>${other}</span>`).join('\n')}
    </p>
  `;
}

// p 태그 내 모든 groceries를 출력. 마지막은 **others** 배열의 모든 원
소를 포함
const markup = `
  <div>
    <p>${groceries.meat}</p>
    <p>${groceries.veggie}</p>
    <p>${groceries.fruit}</p>
    <p>${groceryList(groceries.others)}</p>
  <div>
`;
// <div>
//     <p>pork chop</p>
//     <p>salad</p>
//     <p>apple</p>
//     <p>
//     <p>
//         <span>mushrooms</span>
//         <span>instant noodles</span>
//         <span>instant soup</span>
```

```
//      </p>
//    </p>
//  <div>
```

마지막 p 태그에서 함수 groceryList를 호출하여 다른 모든 others를 인수로 전달했다.

함수 내에서 p 태그를 반환하고 map을 사용하여 groceries의 각 원소에 대해 반복하여 각 원소를 담은 span 태그 배열을 반환한다. 그런 다음 .join('\n')을 사용하여 각 span 뒤에 새 행을 추가했다.

4.7 태그된 템플릿 리터럴

함수를 **태그**tag하여 템플릿 리터럴을 실행하면 템플릿 내부에 있는 모든 항목이 태그된 함수의 인수로 제공된다.

작동 방식은 매우 간단하다. 함수 이름을 가져다 실행할 템플릿 앞에 쓰기만 하면 된다.

```
let person = "Alberto";
let age = 25;

function myTag(strings, personName, personAge) {
  // strings: ["That ", " is a ", "!"]
  let str = strings[1]; // " is a"
  let ageStr;

  personAge > 50 ? ageStr = "grandpa" : ageStr = "youngster";

  return personName + str + ageStr;
}

let sentence = myTag`That ${person} is a ${age}!`;
console.log(sentence);
// Alberto is a youngster
```

이 코드의 함수는 age 변수의 값을 받아서 삼항 연산자를 사용하여 출력할 항목을 결정한다. 함수에서 첫 번째 인수 strings는 let sentence 문의 전체 문자열 중 템플릿 리터럴 변수를 제외한 문자열들이 담긴 배열로 설정되고, 템플릿 리터럴 변수들이 나머지 인수가 된다.

strings 배열의 각 원소는 템플릿 리터럴에 포함된 변수들을 구분자로 삼아 문자열을 나눈 결과와 같다. 이 예에서 문자열은 That, ${person}, is a, ${age}, ! 다섯 부분으로 나뉘므로 여기서 변수를 제외한 ["That ", " is a ", "!"] 가 strings가 된다. 배열 표기법을 사용하여 다음과 같이 중간에 있는 문자열에 접근할 수 있다.

```
let str = strings[1]; // " is a"
```

템플릿 리터럴의 사용 사례에 대해 자세히 알아보려면 다음 링크를 참고하자.

- *https://codeburst.io/javascript-es6-tagged-template-literals-a45c26e54761*

Quiz

4.1 다음 작업을 수행하는 코드를 작성하자.

템플릿 리터럴을 활용하여 다양한 변수를 결합하고 원하는 출력을 얻도록 코드를 구현해보자.

```
let a = "Hello,";
let b = "is";
let c = "my";
let d = "name";
let e = "Tom";
```

```
// 예상 결과를 얻기 위해 다음 코드를 수정해보자.
let result = '';

console.log(result);
// 예상 결과: Hello, my name is Tom
```

4.2 템플릿 리터럴을 사용하여 다음 코드를 리팩터링하자.

```
let a = "1";
let b = "2";
let c = "plus";
let d = "3";
let e = "equals";

// 다음 코드에 템플릿 리터럴을 사용해보자.
let result = a + " " + c + " " + b + " " + e + " " + d;

console.log(result);
// 1 plus 2 equals 3
```

4.3 템플릿 리터럴을 사용하여 다음 코드를 리팩터링하자.

```
// 다음 코드에 템플릿 리터럴을 사용해보자.
let str = 'this is a very long text\n' +
'a very long text';

console.log(str);

// this is a very long text
// a very long text
```

CHAPTER 05

문자열 메서드

5.1 기본적인 문자열 메서드

자바스크립트에는 문자열에 사용할 수 있는 많은 메서드가 있다. 그중 몇 가지를 살펴보자.

indexOf()

문자열에서 지정된 값이 처음 나타나는 위치를 반환한다.

```
const str = "this is a short sentence";
str.indexOf("short");
// 출력: 10
```

slice()

문자열의 지정된 부분을 새 문자열로 반환한다.

```
const str = "pizza, orange, cereals";
str.slice(0, 5);
// 출력: "pizza"
```

toUpperCase()

문자열 내의 모든 문자를 대문자로 바꾼다.

```
const str = "i ate an apple";
str.toUpperCase();
// 출력: "I ATE AN APPLE"
```

toLowerCase()

문자열의 모든 문자를 소문자로 바꾼다.

```
const str = "I ATE AN APPLE";
str.toLowerCase();
// 출력: "i ate an apple"
```

그 외에도 많은 메서드가 있다. 이것들은 대표적인 몇 가지 예에 불과하다. 위에서 예로 든 메서드 등에 대한 자세한 설명은 MDN 문서에서 확인할 수 있다.

- *https://developer.mozilla.org/en-US/docs/Web/JavaScript/Reference/Global_Objects/String*

5.2 새로운 문자열 메서드

ES6는 4가지 새로운 문자열 메서드를 도입했다.

- startsWith()
- endsWith()
- includes()
- repeat()

startsWith()

이 메서드는 매개변수로 받은 값으로 문자열이 시작하는지 확인한다.

```
const code = "ABCDEFG";

code.startsWith("ABB");
// false
code.startsWith("abc");
```

```
// false (startsWith는 대소문자를 구별한다)
code.startsWith("ABC");
// true
```

매개변수를 추가로 전달하면 메서드가 검사를 시작하는 시작점을 지정할 수도 있다.

```
const code = "ABCDEFGHI";

code.startsWith("DEF", 3);
// true (3개 문자를 지나 검사를 시작한다)
```

endsWith()

이 새로운 메서드는 startsWith()와 유사하게 문자열이 우리가 전달한 값으로 끝나는지 확인한다.

```
const code = "ABCDEF";

code.endsWith("DDD");
// false
code.endsWith("def");
// false (endsWith는 대소문자를 구별한다)
code.endsWith("DEF");
// true
```

추가 매개변수로 문자열의 얼마큼만을 확인할지 길이를 전달할 수 있다.

```
const code = "ABCDEFGHI";

code.endsWith("EF", 6);
// true (첫 6개 문자인 ABCDEF만을 고려하며, ABCDEF는 EF로 끝나므로)
```

includes()

이 메서드는 우리가 전달한 값이 문자열에 포함되어 있는지 확인한다.

```
const code = "ABCDEF";

code.includes("ABB");
// false
code.includes("abc");
// false (includes는 대소문자를 구별한다)
code.includes("CDE");
// true
```

repeat()

이름에서 알 수 있듯이 이 새로운 메서드는 문자열을 반복하며 횟수를 인수로 받
는다.

```
let hello = "Hi";
console.log(hello.repeat(10));
// HiHiHiHiHiHiHiHiHiHi
```

5.1 다음 코드의 올바른 출력은?

```
const code = "ABCDEFGHI";

code.startsWith("DEF", 3);
```

① true

② false

5.2 다음 코드의 올바른 출력은?

```
const code = "ABCDEF";
code.endsWith("def");
```

① true

② false

5.3 원하는 값을 출력하도록 코드의 구현을 완성하자.

```
let str = "Na";
let bat = "BatMan";

let batman = ...
console.log(batman);
// 예상 결과: NaNaNaNaNaNaNaNa Batman
```

CHAPTER 06

디스트럭처링

MDN은 **디스트럭처링**destructuring을 다음과 같이 정의한다.[1]

디스트럭처링 할당 문법은 배열의 값 또는 객체의 속성을 풀어서 별개의
변수로 쓸 수 있게 해주는 자바스크립트 표현식이다.

먼저 객체의 디스트럭처링부터 알아보자.

6.1 객체 디스트럭처링

예전에는 객체에서 변수를 생성하려면 다음과 같은 방식으로 코드를 작성했다.

```
var person  = {
  first: "Alberto",
  last: "Montalesi",
};

var first = person.first;
var last = person.last;
```

ES6에서는 더 간결하게 다음과 같은 방법을 사용한다.

```
const person = {
  first: "Alberto",
  last: "Montalesi",
};

const {first, last} = person;
```

디스트럭처링을 이용하여 **person**이 가진 속성에 접근함과 동시에 해당 속성 이
름으로 변수 선언이 가능함을 알 수 있다.

---

[1] 옮긴이_ MDN 한국어 문서에서는 '구조 분해'라고 옮겼다. *https://developer.mozilla.org/ko/docs/Web/JavaScript/
Reference/Operators/Destructuring_assignment*

다음과 같이 중첩된 객체 형태로 데이터가 주어진 경우에도 동일한 방법을 적용할 수 있다.

```
const person = {
  name: "Alberto",
  last: "Montalesi",
  links: {
    social: {
      facebook: "https://www.facebook.com/alberto.montalesi",
    },
    website: "https://albertomontalesi.github.io/",
  },
};

const {facebook} = person.links.social;
```

변수의 이름을 객체의 속성과 동일하게 지정하는 데 그치지 않고, 다음과 같이 변수 이름을 바꿀 수도 있다.

```
const {facebook: fb} = person.links.social;
// person.links.social.facebook 프로퍼티를 찾아 fb라는 변수로 명명함
console.log(fb);        // https://www.facebook.com/alberto.montalesi
console.log(facebook); // ReferenceError: facebook is not defined
```

이 코드는 const {facebook: fb} 식의 문법을 사용하여 person.links.social 객체의 속성 facebook을 대상으로 지정하고 const 변수를 fb라고 명명한다. 변수명이 facebook이 아니기 때문에 facebook 값을 출력하려 하면 오류가 발생한다.

다음과 같이 기본값을 전달할 수도 있다.

```
// 변수를 fb로 다시 명명하고 기본값을 설정한다
const {facebook: fb = "https://www.facebook.com"} = person.links.
social;
```

6.2 배열 디스트럭처링

배열을 디스트럭처링할 때는 객체의 디스트럭처링과는 달리 {}가 아닌 []를 사용한다.

```
const person = ["Alberto", "Montalesi", 25];
const [name, surname, age] = person;
```

생성하려는 변수의 수가 배열의 원소보다 적다면 어떻게 할까?

```
const person = ["Alberto", "Montalesi", 25];
// age(25)는 필요하지 않으므로 뺀다.
const [name, surname] = person;
// 25는 어떤 변수에도 할당되지 않는다.
console.log(name, surname);
// Alberto Montalesi
```

나머지 모든 값을 얻고 싶다면 레스트 연산자rest operator를 사용하면 된다.

```
const person = ["Alberto", "Montalesi", "pizza", "ice cream", "cheese
cake"];
// 레스트 연산자를 사용하여 나머지 값 전체를 얻는다.
const [name, surname, ...food] = person ;
console.log(food);
// ["pizza", "ice cream", "cheese cake"]
```

이 예에서 배열의 처음 두 값은 name과 surname에 할당되고 나머지rest는 food 배열에 할당된다(그래서 레스트 연산자라고 부른다).

...가 레스트 연산자를 의미한다.

6.3 디스트럭처링을 이용하여 변수 교체하기

디스트럭처링 할당을 사용하면 변수의 값을 매우 쉽게 서로 교체^{swap}할 수 있다.
다음 예제를 살펴보자.

```javascript
let hungry = "yes";
let full = "no";
// 식후에는 배고프지(hungry) 않고 배부를(full) 것이다. 값을 교체하자.

[hungry, full] = [full, hungry];
console.log(hungry, full);
// no yes
```

이보다 쉽게 값을 바꾸는 방법이 또 있을까?

Quiz

6.1 다음 작업을 수행하는 코드를 작성하자.

디스트럭처링을 사용하여 두 변수의 값을 교체하자.

```javascript
let hungry = "yes";
let full = "no";

// 여기에 코드를 작성하자.

console.log(hungry);
// no
console.log(full);
// yes
```

6.2 다음 작업을 수행하는 코드를 작성하자.

한 줄의 코드로 다음 배열의 각 값을 저장하는 변수를 선언하자.

```
let arr = ["one", "two", "three"];

// 여기에 코드를 작성하자.

// 예상 결과
console.log(one);
// one
console.log(two);
// two
console.log(three);
// three
```

CHAPTER 07

루프

7.1 for of 루프

ES6는 새로운 유형의 루프인 for of 루프를 도입했다. 이를 어떻게 사용하는지
살펴보자.

배열에 대한 반복

배열의 각 원소에 대해 반복하려면 보통 다음과 같이 구현하곤 했다.

```javascript
var fruits = ['apple', 'banana', 'orange'];
for (var i = 0; i < fruits.length; i++) {
  console.log(fruits[i]);
}
// apple
// banana
// orange
```

이것은 매 반복 시 i가 fruits.length보다 작은 한 i의 값을 1씩 증가시키는 일
반적인 루프이다. i가 fruits.length와 같은 값이 되는 시점에서 루프가 중지
된다.

다음과 같이 for of 루프를 사용하면 동일한 결과를 얻을 수 있다.

```javascript
const fruits = ['apple', 'banana', 'orange'];
for (const fruit of fruits) {
  console.log(fruit);
}
// apple
// banana
// orange
```

객체에 대한 반복

객체는 이터러블[iterable]이 아니다.[1] 그러면 객체의 키/값 쌍에 대한 반복은 어떻게 구현할 수 있을까? 먼저 `Object.keys()`를 사용하여 객체의 모든 키를 가져온 후, 키에 대해 반복을 수행하면서 값에 접근하는 것이 가능하다.

```
const car = {
  maker: "BMW",
  color: "red",
  year : "2010",
};

for (const prop of Object.keys(car)) {
  const value = car[prop];
  console.log(prop, value);
}
// maker BMW
// color red
// year 2010
```

새로운 ES6 함수인 `Object.entries()`를 사용하여 객체의 모든 키/값 쌍을 가져온 후, 각 키/값 쌍에 대해 반복을 수행하는 방법도 있다.

7.2 for in 루프

ES6에서 새로 도입된 루프는 아니지만, `for in` 루프를 살펴보고 `for of` 루프와 다른 점을 이해하면 도움이 될 것이다.

`for in` 루프는 순서 없이 객체의 모든 열거 가능한 속성[2]을 반복하기 때문에 `for of` 루프와 약간 다르다.

---

1 옮긴이_ 이터러블에 대한 개념을 더 자세히 이해하려면 MDN 문서를 읽어보자. *https://developer.mozilla.org/ko/docs/Web/JavaScript/Reference/Iteration_protocols*

2 옮긴이_ 열거 가능한 속성에 대해 더 자세히 이해하려면 MDN 문서를 읽어보자. *https://developer.mozilla.org/ko/docs/Web/JavaScript/Enumerability_and_ownership_of_properties*

따라서 반복 중에는 객체의 속성을 추가, 수정, 삭제하지 않는 것이 좋다. 반복 중에 해당 속성을 거칠 것이라는 보장이 없고, 수정 전이나 수정 후에 거칠 것이라는 보장도 없기 때문이다.

```javascript
const car = {
  maker: "BMW",
  color: "red",
  year : "2010",
};

for (const prop in car) {
  console.log(prop, car[prop]);
}
// maker BMW
// color red
// year 2010
```

7.3 for of와 for in의 차이

두 문법의 차이점은 다음 예를 보면 알 수 있다.

```javascript
let list = [4, 5, 6];

// for...in은 키의 목록을 반환한다.
for (let i in list) {
  console.log(i); // "0", "1", "2",
}

// for ...of는 값을 반환한다.
for (let i of list) {
  console.log(i); // 4, 5, 6
}
```

for in은 배열의 속성 목록을 반환하는 반면, for of는 배열의 원소 목록을 반환한다.[3]

Quiz

7.1 ES6에 새로 도입된 루프는 무엇인가?

① while

② for of

③ for in

7.2 다음 코드의 올바른 출력은?

```javascript
let people = ["Tom", "Jerry", "Mickey"];

for (let person of people) {
  console.log(person);
}
```

① Tom Jerry

② Tom

③ Tom Jerry Mickey

④ Mickey

---

3 옮긴이_ 자바스크립트에서는 배열도 객체이다. 배열 객체에서 인덱스 번호는 숫자 속성이고 따라서 열거 가능하다. 배열은 열거 가능하면서 동시에 이터러블 프로토콜을 구현하고 있기 때문에 반복 가능하다.

CHAPTER 08

배열 메서드

8.1 Array.from()

Array.from()은 ES6에서 도입한 새로운 배열 메서드들 중 첫 번째이다.

Array.from()은 배열스러운[arrayish], 즉 배열처럼 보이지만 배열이 아닌 객체를 받아서 실제 배열로 변환해 반환한다.

HTML

```html
<div class="fruits">
  <p> Apple </p>
  <p> Banana </p>
  <p> Orange </p>
</div>
```

JS

```js
const fruits = document.querySelectorAll(".fruits p");
// fruits는 3개의 p 태그를 포함한 노드 리스트(배열과 비슷한 구조)이다.
// 이제 fruits를 배열로 변환하자.
const fruitArray = Array.from(fruits);

console.log(fruitArray);
// [p, p, p]

// 이제 배열을 취급하므로 map()을 사용할 수 있다.
const fruitNames = fruitArray.map(fruit => fruit.textContent);

console.log(fruitNames);
// ["Apple", "Banana", "Orange"]
```

다음과 같이 단순화할 수도 있다.

```js
const fruits = Array.from(document.querySelectorAll(".fruits p"));
const fruitNames = fruits.map(fruit => fruit.textContent);
```

```
console.log(fruitNames);
// ["Apple", "Banana", "Orange"]
```

이와 같이 fruits를 배열로 변환했다. 따라서 map 등 배열이 제공하는 모든 메서드를 사용할 수 있는 상태가 되었다. 전체 태그가 아닌 p 태그의 textContent만 새로운 배열로 만들었다.

또한 Array.from()의 두 번째 인수를 이용해서, 배열에 map 함수를 적용한 것과 동일한 기능을 하는 코드를 작성할 수도 있다.

```
const fruits = document.querySelectorAll(".fruits p");
const fruitArray = Array.from(fruits, fruit => {
  console.log(fruit);
  // <p> Apple </p>
  // <p> Banana </p>
  // <p> Orange </p>
  return fruit.textContent;
  // 태그 자체는 제외하고 태그 안의 텍스트 내용만 얻고자 한다.
});
console.log(fruitArray);
// ["Apple", "Banana", "Orange"]
```

이 예시에서는 map 역할을 하는 함수를 .from() 메서드의 두 번째 인수에 전달하여 동일한 결과를 얻었다.

8.2 Array.of()

Array.of()는 전달받은 모든 인수로 배열을 생성한다.

```
const digits = Array.of(1, 2, 3, 4, 5);
console.log(digits);
// [1, 2, 3, 4, 5]
```

8.3 Array.find()

Array.find()는 제공된 테스트 함수를 충족하는 배열의 첫 번째 원소를 반환한다. 충족하는 원소가 없으면 undefined를 반환한다.

Array.find()가 어떻게 작동하는지 간단한 예제를 통해 살펴보자.

```javascript
const array = [1, 2, 3, 4, 5];

// 배열의 원소 중 3보다 큰 첫 원소를 반환한다
let found = array.find(e => e > 3);
console.log(found);
// 4
```

조건(> 3)과 일치하는 **첫 번째** 원소를 반환하므로 5가 아닌 4가 반환된다.

8.4 Array.findIndex()

Array.findIndex()는 조건과 일치하는 **첫 번째** 원소의 인덱스를 반환한다.

```javascript
const greetings = ["hello", "hi", "byebye", "goodbye", "hi"];

let foundIndex = greetings.findIndex(e => e === "hi");
console.log(foundIndex);
// 1
```

다시 말하지만, 조건과 일치하는 **첫 번째** 원소의 인덱스만 반환된다.

8.5 Array.some()과 Array.every()

이 두 메서드는 이름 그대로의 역할을 하므로 함께 설명한다. .some()은 조건과 일치하는 원소가 있는지 검색하고 첫 번째 일치하는 원소를 찾으면 바로 중지한다. 반면 .every()는 모든 원소가 주어진 조건과 일치하는지 여부를 확인한다.

```
const array = [1, 2, 3, 4, 5, 6, 1, 2, 3, 1];

let arraySome = array.some(e => e > 2);
console.log(arraySome);
// true

let arrayEvery = array.every(e => e > 2);
console.log(arrayEvery);
// false
```

간단히 말해서, 2보다 큰 원소가 **일부** 있기 때문에 첫 번째 조건은 참이지만 **모든** 원소가 2보다 크지는 않기 때문에 두 번째 조건은 거짓이다.

Quiz

8.1 다음 작업을 수행하는 코드를 작성하자.

다음과 같은 코드에서, 문자열의 각 문자가 배열의 각 원소가 되도록 새 배열을 생성하자.

```
const apple = "Apple";

const myArr = // 여기에 코드를 추가하자.
console.log(myArr);
// 기대 출력: ["A", "p", "p", "l", "e"]
```

8.2 다음 코드의 올바른 출력은?

```
const array = [1, 2, 3, 4, 5];
let found = array.find(e => e > 3);

console.log(found);
```

① 3

② 5

③ 4,5

④ 4

8.3 다음 코드의 올바른 출력은?

```
const array = [1, 2, 3, 4, 5, 6, 1, 2, 3, 1];
let arraySome = array.some(e => e > 2);

console.log(arraySome);
```

① 2

② false

③ 3

④ true

8.4 다음 코드의 올바른 출력은?

```
Array.from([1, 2, 3], x => x * x);
```

---

① [1, 2, 3]

② [1, 4, 9]

③ [1, 3, 5]

CHAPTER 09

스프레드 연산자와
레스트 매개변수

9.1 스프레드 연산자

MDN은 **스프레드 문법**spread syntax을 다음과 같이 설명한다.[1]

> 스프레드 문법을 사용하면 0개 이상의 인수(함수 호출용) 또는 원소(배열
> 리터럴용)가 예상되는 위치에서 배열 표현식 또는 문자열과 같은 이터러
> 블 항목을 확장하거나 0개 이상의 키/값 쌍(객체 리터럴용)이 예상되는 위
> 치에서 객체 표현식을 확장할 수 있다.

배열의 결합

```
const veggie = ["tomato", "cucumber", "beans"];
const meat = ["pork", "beef", "chicken"];

const menu = [...veggie, "pasta", ...meat];
console.log(menu);
// ["tomato", "cucumber", "beans", "pasta", "pork", "beef", "chicken"]
```

여기서 ...이 바로 스프레드 문법으로, veggie와 meat 배열의 모든 개별 원소를
풀어서 menu 배열에 넣었고, 동시에 그 사이에 새 항목을 추가했다.

배열의 복사

스프레드 문법은 배열의 복사본을 생성할 때 매우 유용하다.

```
const veggie = ["tomato", "cucumber", "beans"];
const newVeggie = veggie;

// veggie 배열의 복사본을 생성한 것처럼 보이지만, 다음을 보자.

veggie.push("peas");
```

---

[1] 옮긴이_ MDN 한국어 문서에서는 스프레드를 '전개'로, 레스트는 '나머지'로 옮겼다.

```
console.log(veggie);
// ["tomato", "cucumber", "beans", "peas"]

console.log(newVeggie);
// ["tomato", "cucumber", "beans", "peas"]
```

이 코드에서는 기존 배열(veggie)을 수정하자 새 배열(newVeggie)도 변경되었다. 그 이유가 무엇일까? 실제로 복사본을 만든 것이 아니라, 새 배열은 단순히 이전 배열을 참조하기 때문이다.

다음은 ES5 및 이전 버전에서 일반적으로 배열의 복사본을 만드는 방법이다.

```
const veggie = ["tomato", "cucumber", "beans"];
// 빈 배열을 새로 생성하고 기존 배열의 값을 새 배열에 이어 붙인다.
const newVeggie = [].concat(veggie);
veggie.push("peas");
console.log(veggie);
// ["tomato", "cucumber", "beans", "peas"]
console.log(newVeggie);
// ["tomato", "cucumber", "beans"]
```

스프레드 문법을 사용하면 다음과 같은 코드로 동일한 결과를 얻을 수 있다.

```
const veggie = ["tomato", "cucumber", "beans"];
const newVeggie = [...veggie];
veggie.push("peas");
console.log(veggie);
// ["tomato", "cucumber", "beans", "peas"]
console.log(newVeggie);
// ["tomato", "cucumber", "beans"]
```

스프레드 연산자의 문법은 ...YourArray 이런 식이다. 예제 코드에서는 변수 newVeggie를 배열 veggie의 복사본으로 만들기 위해, 우선 newVeggie에 배열을 할당하고 그 내부에 스프레드 연산자를 통해 veggie 변수의 모든 원소를 넣었다.

함수와 스프레드 연산자

인수들을 원소로 가지는 배열에 스프레드 연산자를 사용하면 함수를 쉽게 호출할 수 있다.

```javascript
// 기존 방식
function doStuff (x, y, z) {
  console.log(x + y + z);
}
var args = [0, 1, 2];

// 함수 호출, 인수 전달
doStuff.apply(null, args);

// 스프레드 문법 사용

doStuff(...args);
// 3 (0 + 1 + 2)
console.log(args);
// [0, 1, 2]
```

이 예제에서 doStuff 함수는 3개의 매개변수를 받는다. doStuff 함수를 호출할 때 args 배열을 ...args와 같이 써서 스프레드 연산자와 함께 함수에 전달할 수 있다. 이렇게 하면 굳이 .apply() 사용에 의존하지 않아도 된다.

다른 예도 살펴보자.

```javascript
const name = ["Alberto", "Montalesi"];

function greet(first, last) {
  console.log(`Hello ${first} ${last}`);
}

greet(...name);
// Hello Alberto Montalesi
```

배열의 두 값은 함수의 두 인수에 자동으로 할당된다.

지정된 인수보다 더 많은 값을 제공하면 어떻게 될까?

```
const name = ["Jon", "Paul", "Jones"];

function greet(first, last) {
  console.log(`Hello ${first} ${last}`);
}
greet(...name);
// Hello Jon Paul
```

이 예에서는 배열 내에 세 개의 값을 제공했지만 함수에는 두 개의 인수만 있으므로 마지막 인수는 제외된다.

객체 리터럴과 스프레드(ES2018)

이 기능은 ES6의 일부는 아니지만, 스프레드를 다루는 김에 ES2018에서 도입된 객체에 대한 스프레드 연산자의 예시도 같이 살펴보도록 하자.

```
let person = {
  name : "Alberto",
  surname: "Montalesi",
  age: 25,
};

let clone = {...person};
console.log(clone);
// {name: "Alberto", surname: "Montalesi", age: 25}
```

ES2018에 대한 자세한 내용은 20장에서 확인할 수 있다.

9.2 레스트 매개변수

레스트[rest] 문법은 점 3개로 이뤄졌다는 점에서 스프레드 문법과 똑같지만 기능적으로는 그 반대이다. 스프레드는 배열을 '확장'하는 반면, 레스트는 여러 원소를 하나의 원소로 '압축'한다.

```javascript
const runners = ["Tom", "Paul", "Mark", "Luke"];
const [first, second, ...losers] = runners;

console.log(...losers);
// Mark Luke
```

처음 두 값은 first와 second 변수에 저장하고, 나머지 원소는 레스트 연산자를 사용하여 losers 변수에 배열로 담았다. 마지막에는 이 배열을 스프레드 연산자로 풀어서 console.log()에 넘겼다.

Quiz

9.1 배열의 값을 확장하기 위한 스프레드의 올바른 문법은?

① [.]

② (...)

③ [...]

④ {...}

9.2 다음 작업을 수행하는 코드를 작성하자.

veggie와 meat가 주어졌을 때, 다음을 포함하는 menu라는 새 배열을 생성하자.

- veggie의 모든 값

- 'pasta' 값을 가지는 새 문자열

- meat의 모든 값

```
const veggie = ["tomato", "cucumber", "beans"];
const meat = ["pork", "beef", "chicken"];
```

9.3 다음 작업을 수행하는 코드를 작성하자.

다음과 같이 배열 runners가 주어졌을 때, 처음 2개 이후의 모든 값을 포함하는 losers라는 새 배열을 생성하자.

```
const runners = ["Tom", "Paul", "Mark", "Luke"];
```

9.4 다음 코드의 올바른 출력은?

```
let arr = [1, 2, 3, 4];

let arr2 = arr;

arr2.push(5);
console.log(arr);
```

① [1, 2, 3, 4]
② [1, 2, 4, 5]
③ [1, 2, 3, 4, 5]
④ "1, 2, 3, 4, 5"

CHAPTER 10

객체 리터럴의 업그레이드

이번 장에서는 ES6에서 **객체 리터럴** 표기법을 얼마나 다양하게 개선했는지 살펴보자.

10.1 변수를 키와 값으로 하는 객체 만들기

다음과 같은 코드가 있다고 하자.

```
const name = "Alberto";
const surname = "Montalesi";
const age = 25;
const nationality = "Italian";
```

이 코드를 이용하여 객체 리터럴을 만들고 싶다면 일반적으로 다음과 같이 할 것이다.

```
const person = {
  name: name,
  surname: surname,
  age: age,
  nationality: nationality,
};

console.log(person);
// {name: "Alberto", surname: "Montalesi", age: 25, nationality: "Italian"}
```

ES6에서는 다음과 같이 단순화할 수 있다.

```
const person = {
  name,
  surname,
  age,
  nationality,
```

```
};
console.log(person);
// {name: "Alberto", surname: "Montalesi", age: 25, nationality: "Ital-
ian"}
```

변수들의 이름이 코드 내의 속성과 같은 동일하기 때문에, 코드 내에서 굳이 두 번씩 표기하지 않아도 된다.

10.2 객체에 함수 추가하기

ES5의 예를 살펴보자.

```
const person = {
  name: "Alberto",
  greet: function() {
    console.log("Hello");
  },
};

person.greet();
// Hello
```

객체에 함수를 추가하려면 function 키워드를 사용해야 했다. ES6에서는 이것이 더 쉬워졌다. 다음 코드를 보자.

```
const person = {
  name: "Alberto",
  greet() {
    console.log("Hello");
  },
};

person.greet();
// Hello;
```

function 키워드가 없고, 코드는 더 짧아졌지만 동일한 동작을 수행한다.

화살표 함수는 익명 함수라는 것을 기억하고, 다음 예제를 살펴보자.

```javascript
// 다음 코드는 작동하지 않는다. 함수에 접근하기 위한 키가 필요하다.
const person1 = {
  () => console.log("Hello"),
};

const person2 = {
  greet: () => console.log("Hello"),
};
person2.greet();
// Hello
```

10.3 객체의 속성을 동적으로 정의하기

다음은 ES5에서 객체의 속성을 동적으로 정의하는 방법이다.

```javascript
var name = "myname";
// 빈 객체를 생성한다.
var person = {};
// 객체를 업데이트한다.
person[name] = "Alberto";
console.log(person.myname);
// Alberto
```

이렇게 먼저 객체를 생성한 다음 수정해야 했다. 그러나 ES6에서는 두 가지를 동시에 할 수 있다. 다음 예를 살펴보자.

```javascript
const name = "myname";
const person = {
  [name]: "Alberto",
};
```

```
console.log(person.myname);
// Alberto
```

Quiz

10.1 다음 코드를 더 간결하게 리팩터링하자.

```
const animal = {
  name: name,
  age: age,
  breed: breed,
};
```

10.2 다음 코드의 올바른 출력은?

```
const name = "myname";
const person = {
  [name]: "Alberto",
};
console.log(person.myname);
```

① name

② "Alberto"

③ myname

④ "name"

10.3 다음 코드의 올바른 출력은?

```
const name = "myname";
const age = 27;
const favoriteColor = "Green";
const person = {
  name,
  age,
  color,
};
console.log(person.color);
```

① "Green"

② color

③ color is not defined

④ favoriteColor

CHAPTER 11

심벌

ES6에서 **심벌**symbol이라는 새로운 원시 자료형이 추가되었다. 심벌은 무엇일까? 그리고 어떤 역할을 하는 것일까?

11.1 심벌의 고유성

심벌은 항상 고유unique하며 객체 속성의 식별자로 사용할 수 있다.

다음과 같은 코드를 통해 심벌을 생성할 수 있다.

```
const me = Symbol("Alberto");
console.log(me);
// Symbol(Alberto)
```

심벌은 항상 고유하다고 했는데, 같은 값을 가진 새로운 심벌을 만들면 어떻게 될까? 어떤 일이 일어나는지 살펴보자.

```
const me = Symbol("Alberto");
console.log(me);
// Symbol(Alberto)

const clone = Symbol("Alberto");
console.log(clone);
// Symbol(Alberto)

console.log(me == clone);
// false
console.log(me === clone);
// false
```

두 심벌의 값은 동일하지만, 각 심벌은 항상 고유하므로 다른 심벌과 겹치지 않는다.

11.2 객체 속성에 대한 식별자

앞에서 언급했듯이 심벌을 사용하여 객체 속성에 대한 식별자를 만들 수 있다. 예제를 살펴보자.

```
const office = {
  "Tom": "CEO",
  "Mark": "CTO",
  "Mark": "CIO",
};

for (person in office) {
  console.log(person);
}
// Tom
// Mark
```

사무실 객체가 있고, 그 사무실에는 3명의 사람이 있다. 그중 2명은 이름이 같다. 이럴 때 속성 이름이 겹치는 것을 피하기 위해 심벌을 사용할 수 있다.

```
const office = {
  [Symbol("Tom")]: "CEO",
  [Symbol("Mark")]: "CTO",
  [Symbol("Mark")]: "CIO",
};

for (person in office) {
  console.log(person);
}
// undefined
```

심벌은 열거 가능하지 않기 때문에 심벌에 대해 반복하려고 하면 undefined를 얻게 된다. 즉 for in으로 심벌에 대해 반복할 수는 없다.

여기서 객체 속성의 배열을 얻기 위해서는 Object.getOwnPropertySymbols()
를 사용한다.

```javascript
const office = {
  [Symbol("Tom")]: "CEO",
  [Symbol("Mark")]: "CTO",
  [Symbol("Mark")]: "CIO",
};

const symbols = Object.getOwnPropertySymbols(office);
console.log(symbols);
// 0: Symbol(Tom)
// 1: Symbol(Mark)
// 2: Symbol(Mark)
// length: 3
```

배열을 얻은 후 속성에 접근하려면 map을 사용하면 된다.

```javascript
const symbols = Object.getOwnPropertySymbols(office);
const value = symbols.map(symbol => office[symbol]);
console.log(value);
// 0: "CEO"
// 1: "CTO"
// 2: "CIO"
// length: 3
```

마침내 심벌의 모든 값을 포함하는 배열을 얻었다.

11.1 심벌이란?

① 원시인

② 속성

③ 원시 자료형

④ 함수의 일종

11.2 심벌의 주요 특징은?

① 값을 다시 할당하려고 하면 오류가 발생한다.

② for 루프 내에서 작동하지 않는다.

③ 고유성을 지닌다.

④ 정수가 아닌 문자열만 담을 수 있다.

11.3 다음 코드의 올바른 출력은?

```javascript
const friends = {
  "Tom": "bff",
  "Jim": "brother",
  "Tom": "cousin",
};

for (friend in friends) {
  console.log(friend);
}
```

① Jim Tom

② Error

③ Tom Jim Tom

④ Tom Jim

11.4 다음 코드의 올바른 출력은?

```javascript
const family = {
  [Symbol("Tom")]: "father",
  [Symbol("Jane")]: "mother",
  [Symbol("Tom")]: "brother",
};

const symbols = Object.getOwnPropertySymbols(family);
console.log(symbols);
```

① Symbol(Tom) Symbol(Jane) Symbol(Tom)

② Symbol(Tom) Symbol(Jane)

③ undefined

④ Symbol(Jane) Symbol(Tom)

클래스

MDN에서는 **클래스**class를 다음과 같이 설명한다.

> 클래스는 일차적으로 자바스크립트의 기존 프로토타입prototype 기반 상속
> 에 대한 문법적 설탕syntax sugar이다. 클래스 문법이 자바스크립트에 새로운
> 객체 지향 상속 모델을 도입하는 것은 아니다.

클래스를 살펴보기 전에 프로토타입 상속을 먼저 다시 복습해보자.

```
function Person(name, age) {
  this.name = name;
  this.age = age;
}

Person.prototype.greet = function() {
  console.log("Hello, my name is " + this.name);
}

const alberto = new Person("Alberto", 26);
const caroline = new Person("Caroline", 26);

alberto.greet();
// Hello, my name is Alberto
caroline.greet();
// Hello, my name is Caroline
```

Person의 프로토타입에 새 메서드를 추가해서 Person 객체의 인스턴스들이 접
근할 수 있도록 만들었다.

자, 프로토타입 상속을 위한 코드가 어떻게 작성되는지 살펴봤으니 이제 클래스
를 살펴보자.

12.1 클래스 생성

클래스를 만드는 방법에는 두 가지가 있다. 클래스 선언과 클래스 표현식이다.

```
// 클래스 선언
class Person {

}

// 클래스 표현식
const person = class Person {
};
```

기억하자. 클래스 선언 및 클래스 표현식은 호이스팅되지 **않는다**. 클래스에 접근하기 전에 클래스를 선언하지 않으면 ReferenceError가 발생한다.

그럼 이제 첫 번째 클래스를 만들어보자.

생성자 메서드를 추가한 것을 제외하면 프로토타입 방식과 큰 차이가 없다(생성자를 하나만 추가해야 함에 주의하자. 클래스에 생성자 메서드가 두 개 이상 포함된 경우 SyntaxError가 발생한다).

```
class Person {
  constructor(name, age) {
    this.name = name;
    this.age = age;
  }
  greet() {
    console.log(`Hi, my name is ${this.name} and I'm ${this.age} years
old`);
  } // 메서드와 메서드 사이에는 쉼표가 없음
  farewell() {
    console.log("goodbye friend");
  }
}

const alberto = new Person("Alberto", 26);

alberto.greet();
// Hi, my name is Alberto and I'm 26 years old
alberto.farewell();
// goodbye friend
```

보다시피 모든 것이 이전과 동일하게 작동한다. 앞에서 언급했듯이 클래스는 프로토타입 방식을 대신하는 문법적 설탕일 뿐이다.

12.2 정적 메서드

앞의 예시에서 추가한 greet()와 farewell() 메서드는 Person 클래스의 모든 인스턴스에서 접근할 수 있지만, Array.of()처럼 클래스의 인스턴스가 아닌 클래스 자체에서 접근할 수 있는 정적 메서드는 다음과 같이 정의할 수 있다.

```
class Person {
  constructor(name, age) {
    this.name = name;
    this.age = age;
  }
  static info() {
    console.log("I am a Person class, nice to meet you");
  }
}
const alberto = new Person("Alberto", 26);

alberto.info();
// TypeError: alberto.info is not a function

Person.info();
// I am a Person class, nice to meet you
```

12.3 set와 get

세터setter 및 게터getter 메서드를 사용하여 클래스 내에 값을 설정하거나 가져올 수 있다.

```
class Person {
```

```
  constructor(name, surname) {
    this.name = name;
    this.surname = surname;
    this.nickname = "";
  }
  set nicknames(value) {
    this.nickname = value;
    console.log(this.nickname);
  }
  get nicknames() {
    console.log(`Your nickname is ${this.nickname}`);
  }
}

const alberto = new Person("Alberto", "Montalesi");

// 세터를 호출
alberto.nicknames = "Albi";
// "Albi"

// 게터를 호출
alberto.nicknames;
// "Your nickname is Albi"
```

12.4 클래스 상속하기

기존 클래스로부터 상속된 새로운 클래스를 만들려면 extends 키워드를 사용한다. 다음 예를 살펴보자.

```
// 기존 클래스
class Person {
  constructor(name, age) {
    this.name = name;
    this.age = age;
  }
  greet() {
    console.log(`Hi, my name is ${this.name} and I'm ${this.age} years
```

```
old`);
  }
}

// 상속을 통해 만든 새 클래스
class Adult extends Person {
  constructor(name, age, work) {
    this.name = name;
    this.age = age;
    this.work = work;
  }
}

const alberto = new Adult("Alberto", 26, "software developer");
```

Person을 상속하는 Adult 클래스를 만들었지만 이 코드를 실행하려고 하면 오류
가 발생한다.

```
ReferenceError: must call super constructor before using ¦this¦ in
Adult class constructor
```

오류 메시지는 새로운 클래스에서 this를 사용하기 전에 super()를 호출하라는
내용이다. 즉 Adult를 만들기에 앞서 Person을 만들어야 한다는 것이다. 생성자
내부에서 super()를 호출하면 Person이 만들어진다.

```
class Adult extends Person {
  constructor(name, age, work) {
    super(name, age);
    this.work = work;
  }
}
```

여기서 왜 super(name, age) 형태로 호출했을까? Adult 클래스는 Person으로
부터 이름과 나이를 상속받기 때문에 Person을 다시 선언하고 초기화할 필요가
없다. super() 생성자가 하는 일이 바로 이것이다.

다음과 같이 수정된 코드를 실행해보자.

```javascript
// 기존 클래스
class Person {
  constructor(name, age) {
    this.name = name;
    this.age = age;
  }
  greet() {
    console.log(`Hi, my name is ${this.name} and I'm ${this.age} years
old`);
  }
}

// 상속을 통해 만든 새 클래스
class Adult extends Person {
  constructor(name, age, work) {
    super(name, age);
    this.work = work;
  }
}

const alberto = new Adult("Alberto", 26, "software developer");

console.log(alberto.age);
// 26
console.log(alberto.work);
// software developer
alberto.greet();
// Hi, my name is Alberto and I'm 26 years old
```

Adult는 Person 클래스의 모든 속성과 메서드를 상속했음을 볼 수 있다.

12.5 배열 확장하기

배열과 비슷하게 생겼지만 첫 번째 값은 교실 이름이고 나머지는 학생 이름과 학생 점수를 나타내는 Classroom이라는 새로운 클래스를 만들어보자. 이 클래스는 다음과 같이 사용할 수 있어야 한다.

```
const myClass = new Classroom('1A',
  {name: "Tim", mark: 6},
  {name: "Tom", mark: 3},
  {name: "Jim", mark: 8},
  {name: "Jon", mark: 10},
);
```

이러한 요구 사항을 만족시키는 새로운 클래스는 다음과 같이 배열을 상속받아서 만들 수 있다.

```
class Classroom extends Array {
  // 레스트 연산자를 사용해 가변 인수로 입력받은 학생들의 정보를
  // 배열 형태로 students에 할당
  constructor(name, ...students) {
    // 스프레드 연산자를 사용해 배열 원소들을 다시 풀어헤쳐 생성자를 호출한다.
    // 스프레드 연산자를 사용하지 않으면
    // '학생들의 정보가 들어 있는 배열'을 원소로 가진 Array가 생성될 것이다.
    super(...students);
    this.name = name;
  }
  // 학생을 추가하기 위한 새로운 메서드를 추가
  add(student) {
    this.push(student);
  }
}

const myClass = new Classroom('1A',
  {name: "Tim", mark: 6},
  {name: "Tom", mark: 3},
```

```
  {name: "Jim", mark: 8},
  {name: "Jon", mark: 10},
);

// 새로운 학생 추가
myClass.add({name: "Timmy", mark: 7});
myClass[4];
// {name: "Timmy", mark: 7}

// for of 루프를 사용하여 반복 가능
for (const student of myClass) {
  console.log(student);
}
// {name: "Tim", mark: 6}
// {name: "Tom", mark: 3}
// {name: "Jim", mark: 8}
// {name: "Jon", mark: 10}
// {name: "Timmy", mark: 7}
```

Quiz

12.1 클래스란?

① 새로운 원시 자료형

② 프로토타입 상속을 수행하기 위한 문법적 설탕

③ 새로운 유형의 배열

12.2 클래스를 선언하는 옳은 방법은?

① const person = class Person {...};

② const person = new class Person {...};

③ class Person {...};

12.3 정적 메서드란?

① 변경할 수 없는 메서드

② 클래스의 모든 인스턴스에서 접근할 수 있는 메서드

③ 클래스 자체로 접근할 수 있는 메서드

12.4 다음 코드의 올바른 출력은?

```javascript
class Person {
  constructor(name, age) {
    this.name = name;
    this.age = age;
  }
}
class Adult extends Person {
  constructor(work) {
    this.work = work;
  }
}

const my = new Adult('software developer');
console.log(my.work);
```

① "software developer"

② 'Error: age is not defined'

③ ReferenceError: Must call super constructor in derived
   class before accessing 'this'

12.5 다음 작업을 수행하는 코드를 작성하자.

다음과 같이 클래스가 주어졌을 때 해당 클래스를 상속하여 work라는 새 속성을 가지는 새로운 Adult 클래스를 만들자.

```javascript
// 기존 클래스
class Person {
  constructor(name, age) {
    this.name = name;
    this.age = age;
  }
  greet() {
    console.log(`Hi, my name is ${this.name} and I'm ${this.age} years old`);
  }
}

// Person을 상속받아 새로운 속성을 추가한 클래스를 만들자
const me = new Adult('Alberto', 27, 'software developer');
console.log(me.work);
// software developer
```

프로미스

자바스크립트는 **동기적**synchronous으로 작동한다. 즉, 각 코드 블록이 이전 블록 이후에 실행된다.

잠시 다음과 같은 코드를 보자.

```
const data = fetch('your-api-url-goes-here');
console.log('Finished');
console.log(data);
```

이 예에서는 fetch를 사용하여 어떤 URL에서 데이터를 가져온다(이해를 돕기 위해 그러는 것으로 가정하자).

동기 코드의 경우, 우리는 fetch 작업이 실제로 완료된 후에 다음 행이 호출되리라고 예상한다. 하지만 실제로는 fetch가 호출된 직후 바로 다음 행에 있는 두 console.log()도 실행되므로, 마지막 console.log(data)는 undefined를 출력한다.

이러한 현상이 발생하는 이유는 fetch가 **비동기적**asynchronous으로 수행되기 때문이다. 즉, 해당 행에서 fetch가 완료될 때까지 코드 실행을 중지하는 게 아니라 계속해서 다음 행을 실행한다.

이 문제를 해결하기 위해 콜백 또는 프로미스를 사용하면 fetch가 무언가를 반환하는 시점까지 기다리게 할 수 있다.

13.1 콜백 지옥

비동기 코드를 동기식으로 작동하는 것처럼 하기 위해 **콜백**callback으로 여러 코드 블록을 차례로 연결해 작성할 때 발생하는 상황을 **콜백 지옥**callback hell이라고 부르기도 한다.

말로 표현하면 이렇다.

A를 하고, A가 완료될 때까지 기다렸다가 B를 수행하고, B가 완료될 때까지 기다렸다가 C를 수행하고, 이런 식으로 계속한다.

이런 코드에서는 기다리는 시점마다 콜백을 사용해야 하기 때문에 코드가 복잡해진다.

다음은 콜백 지옥의 의미를 보여주는 예제이다. 피자를 준비하는 각 단계마다 서버에 요청을 보내야 하고 서버가 응답할 때까지 기다렸다가 다음 단계를 수행해야 하는 비동기적인 상황이다.

```
const makePizza = (ingredients, callback) => {
  mixIngredients(ingredients, function(mixedIngredients)) {
    bakePizza(mixedIngredients, function(bakedPizza)) {
      console.log('finished!');
    }
  }
};
```

이렇게 하면 시각적으로 위에서 아래로 코드가 실행되는 것처럼 보이게 작성할수는 있지만, 그것 때문에 과도한 함수 중첩을 유발하고 말았다.

콜백 지옥을 개선하는 방법은 *http://callbackhell.com*을 참고하자.

위 사이트에 있는 방법 외에도, 프로미스를 사용하면 이 '지옥'에서 벗어날 수 있다.

13.2 프로미스

MDN에서는 **프로미스**promise를 다음과 같이 정의한다.

  프로미스는 비동기 작업의 최종 성공 또는 실패를 나타내는 객체이다.

직접 프로미스를 하나 만들어보자.

```javascript
const myPromise = new Promise((resolve, reject) => {
  // 여기에 코드를 작성
});
```

이런 방식으로 프로미스를 만든 후, 프로미스의 성공을 알리기 위해서는 resolve를, 실패를 알리기 위해서는 reject를 호출하면 된다.

프로미스 안에서 즉시 resolve를 호출하면 어떤 값이 반환되는지 확인해보자.

```javascript
const myPromise = new Promise((resolve, reject) => {
  resolve("The value we get from the promise");
});

myPromise.then(
  data => {
    console.log(data);
  });
// The value we get from the promise
```

resolve 함수의 첫 번째 매개변수로 전달된 값이 콘솔에 출력되는 것을 확인할 수 있다.

setTimeout()을 사용하면 resolve가 호출되기 전까지 일정 시간을 기다릴 수 있다.

```javascript
const myPromise = new Promise((resolve, reject) => {
  setTimeout(() => {
    resolve("The value we get from the promise");
  }, 2000);
});

myPromise.then(
  data => {
```

```
    console.log(data);
  });
// 2초가 지난 후 ...
// The value we get from the promise
```

이 두 가지 예는 매우 간단한 예에 불과하지만, 프로미스는 많은 비동기 코드를 수행할 때 매우 유용하다.

이 예에서는 간단하게 resolve를 호출하여 프로미스가 성공하는 경우만 살펴봤지만 실제로는 오류도 발생하므로, reject를 이용한 오류 처리 방법도 살펴보자.

```
const myPromise = new Promise((resolve, reject) => {
  setTimeout(() => {
    reject(new Error("this is our error"));
  }, 2000);
});

myPromise
  .then(data => {
    console.log(data);
  })
  .catch(err => {
    console.error(err);
  });
// Error: this is our error
// Stack trace:
// myPromise</<@debugger eval code:3:14
```

프로미스가 성공할 때의 값을 얻는 데에 .then()을 사용하고, 프로미스가 실패할 때의 오류를 처리하는 데에는 .catch()를 사용한다.

출력된 오류 로그를 보면 오류가 발생한 위치를 알 수 있다. 단순히 reject("this is our error");라고 작성하지 않고 reject(new Error("this is our error"));라고 작성했기 때문이다.

13.3 프로미스 체이닝

프로미스의 성공 또는 실패 여부와 무관하게 이전 프로미스에서 반환된 것을 후속 프로미스의 기반으로 사용하여 프로미스를 계속 **체이닝**(연결)chaining할 수 있다.

원하는 만큼 많은 프로미스를 연결할 수 있으며, 그 코드는 위에서 봤던 콜백 지옥의 코드보다 더 읽기 쉽고 간결하다.

```
const myPromise = new Promise((resolve, reject) => {
  resolve();
});

myPromise
  .then(data => {
    // 새로운 값을 반환
    return 'working...';
  })
  .then(data => {
    // 이전 프로미스에서 받은 값을 출력
    console.log(data);
    throw 'failed!';
  })
  .catch(err => {
    // 프로미스 수행 중 발생한 오류를 받아서 출력
    console.error(err);
    // failed!
  });
```

예제를 보면 첫 번째 .then()이 두 번째 .then()으로 값을 전달하여 해당 값이 로그로 출력되었고, 두 번째 .then()에서 발생시킨 오류는 .catch() 절로 전달되어서 오류 로그가 출력되었다.

프로미스가 성공한 경우뿐만 아니라 실패한 경우에도 연쇄적으로 연결하여 사용하는 것이 가능하다.

```
const myPromise = new Promise((resolve, reject) => {
  resolve();
});

myPromise
  .then(data => {
    throw new Error("ooops");
    console.log("first value");
  })
  .catch(() => {
    console.log("catched an error");
  })
  .then(data => {
    console.log("second value");
  });
  // catched an error
  // second value
```

이 코드의 경우 첫 번째 .then()에서 오류가 발생했기 때문에 "first value"는
출력되지 않고, 첫 번째 .catch()와 마지막 .then()을 수행하면서 로그가 출력
된다.

13.4 Promise.resolve()와 Promise.reject()

Promise.resolve()와 Promise.reject()는 자동으로(즉시) 성공하거나 실패
하는 프로미스를 생성한다.

```
//Promise.resolve()
Promise.resolve('Success').then(function(value) {
  console.log('Success');
  // Success
}, function(value) {
  console.log('fail')
});

// Promise.reject()
```

```
Promise.reject(new Error('fail')).then(function() {
  // not called
}, function(error) {
  console.log(error);
  // Error: fail
});
```

첫 번째 예제에서 볼 수 있듯이 `.then()` 절에서 생성된 프로미스에는 두 개의 인수가 있다. 하나는 프로미스가 성공할 때 호출되는 함수이고, 다른 하나는 프로미스가 실패할 때 호출되는 함수이다. `Promise.resolve()`는 즉시 프로미스를 성공 처리하므로 첫 번째 함수가 호출된다.

한편, 두 번째 예제에서는 `Promise.reject()`를 사용하여 프로미스를 즉시 실패 처리하므로 `.then()` 절의 두 번째 인수가 호출된다.

13.5 Promise.all()과 Promise.race()

`Promise.all()`은 모든 프로미스가 성공할 경우에만 성공하는 하나의 프로미스를 반환한다.

두 가지 프로미스가 있는 다음 예제를 살펴보자.

```
const promise1 = new Promise((resolve, reject) => {
  setTimeout(resolve, 500, 'first value');
});
const promise2 = new Promise((resolve, reject) => {
  setTimeout(resolve, 1000, 'second value');
});

promise1.then(data => {
  console.log(data);
});
// 500ms 후
// first value
```

```
promise2.then(data => {
  console.log(data);
});
// 1000ms 후
// second value
```

여기서 각 프로미스는 서로 독립적으로 성공 처리된다. Promise.all()을 사용한다면 어떤 일이 발생하는지 다음 예제에서 살펴보자.

```
const promise1 = new Promise((resolve, reject) => {
  setTimeout(resolve, 500, 'first value');
});
const promise2 = new Promise((resolve, reject) => {
  setTimeout(resolve, 1000, 'second value');
});

Promise
  .all([promise1, promise2])
  .then(data => {
    const [promise1data, promise2data] = data;
    console.log(promise1data, promise2data);
  });
// 1000ms 후
// first value second value
```

1000ms(두 번째 프로미스의 타임아웃) 후에 첫 번째, 두 번째 프로미스의 결과가 함께 반환되었다. 즉 첫 번째 프로미스가 성공 후에도 두 번째 프로미스가 성공할 때까지 기다렸음을 알 수 있다.

비어 있는 이터러블을 전달하면 이미 성공 처리된 프로미스를 반환한다.

프로미스 중 하나가 실패하면 다른 모든 프로미스가 성공하더라도 해당 실패에서 발생한 오류가 반환된다.

```
const promise1 = new Promise((resolve, reject) => {
  resolve("my first value");
```

```
});
const promise2 = new Promise((resolve, reject) => {
  reject(Error("oooops error"));
});

// .all()은 두 프로미스 중 하나라도 실패하면 전체를 실패로 처리
Promise
  .all([promise1, promise2])
  .then(data => {
    const [promise1data, promise2data] = data;
    console.log(promise1data, promise2data);
  })
  .catch(err => {
    console.log(err);
  });
  // Error: oooops error
```

이와 대조적으로, Promise.race()는 이터러블에 포함된 프로미스들 중 가장 먼저 성공 또는 실패한 결과를 반환한다.

```
const promise1 = new Promise((resolve, reject) => {
  setTimeout(resolve, 500, 'first value');
});
const promise2 = new Promise((resolve, reject) => {
  setTimeout(resolve, 100, 'second value');
});

Promise.race([promise1, promise2]).then(function(value) {
  console.log(value);
  // 둘 다 성공하지만 promise2가 더 빨리 성공
});
// second value
```

비어 있는 이터러블을 전달하면 .race()는 영원히 보류된 상태로 남아 있음에 주의하자.

13.1 프로미스란?

① 새로운 원시 자료형

② 비동기 작업의 최종 성공 또는 실패를 나타내는 객체

③ 새로운 유형의 루프

13.2 다음 작업을 수행하는 코드를 작성하자.

즉시 성공 처리되어 콘솔에 무언가를 출력하는 간단한 프로미스를 작성하라.

13.3 다음 프로미스 메서드 중 존재하지 않는 것은?

① `Promise.race()`

② `Promise.some()`

③ `Promise.all()`

④ `Promise.reject()`

13.4 다음 코드의 올바른 출력은?

```
function myPromise() {
  return new Promise((resolve, reject) => {
    reject();
  });
}

myPromise()
  .then(() => {
    console.log('1');
```

```
})
.then(() => {
  console.log('2');
})
.catch(() => {
  console.log('3');
})
.then(() => {
  console.log('4');
});
```

---

① 1, 2, 3, 4

② 3, 4, 1, 2

③ 3, 4

④ 4

CHAPTER 14

제너레이터

14.1 제너레이터

제너레이터^{generator} 함수는 원하는 만큼 코드 실행을 시작하거나 중지할 수 있는 함수이다. 중지된 제너레이터 함수를 다시 시작할 때 데이터를 추가로 전달하면서 재시작할 수 있다.

제너레이터 함수를 생성하려면 다음과 같이 코드를 작성한다.

```javascript
function* fruitList() {
  yield 'Banana';
  yield 'Apple';
  yield 'Orange';
}

const fruits = fruitList();

// 제너레이터
fruits.next();
// {value: "Banana", done: false}
fruits.next();
// {value: "Apple", done: false}
fruits.next();
// {value: "Orange", done: false}
fruits.next();
// {value: undefined, done: true}
```

코드를 하나씩 살펴보자.

- `function*`을 사용하여 함수를 선언했다.
- 반환할 콘텐츠 앞에 `yield` 키워드를 사용했다.
- `.next()`를 사용하여 함수의 실행을 시작한다.
- 마지막으로 `.next()`를 호출하면 `undefined` 값과 `done: true`가 반환된다.

이 예시의 함수는 각 `.next()` 호출 사이에서 일시 중지된 상태에 있다.

14.2 제너레이터를 사용하여 배열 반복하기

for of 루프를 사용하면 제너레이터에 대해 반복하고 각 루프에서 콘텐츠를 반환(yield)할 수 있다.

```javascript
// 과일 배열을 생성
const fruitList = ['Banana', 'Apple', 'Orange', 'Melon', 'Cherry',
'Mango'];

// 제너레이터를 생성
function* loop(arr) {
  for (const item of arr) {
    yield `I like to eat ${item}s`;
  }
}

const fruitGenerator = loop(fruitList);
fruitGenerator.next();
// {value: "I like to eat Bananas", done: false}
fruitGenerator.next();
// {value: "I like to eat Apples", done: false}
fruitGenerator.next().value;
// "I like to eat Oranges"
```

- 새로운 제너레이터는 배열을 반복하고 .next()를 호출할 때마다 한 번에 하나의 값을 출력한다.
- 값을 가져오는 것에 대해서만 관심이 있다면 .next().value를 사용하면 된다. 이렇게 하면 제너레이터의 상태는 출력되지 않는다.

14.3 .return()을 사용하여 제너레이터 종료하기

.return()을 사용하여 주어진 값을 반환하고 제너레이터를 종료할 수 있다.

```javascript
function* fruitList() {
```

```
    yield 'Banana';
    yield 'Apple';
    yield 'Orange';
}

const fruits = fruitList();

fruits.return();
// {value: undefined, done: true}
```

이 경우 `.return()`에 아무것도 전달하지 않았기 때문에 `value: undefined`를 얻었다.

14.4 .throw()로 오류 잡기

```
function* gen() {
  try {
    yield "Trying...";
    yield "Trying harder...";
    yield "Trying even harder..";
  }
  catch(err) {
    console.log("Error: " + err);
  }
}

const myGenerator = gen();
myGenerator.next();
// {value: "Trying...", done: false}
myGenerator.next();
// {value: "Trying harder...", done: false}
myGenerator.throw("ooops");
// Error: ooops
// {value: undefined, done: true}
```

보다시피 .throw()를 호출했을 때 제너레이터는 오류를 반환했고, 실행할 수 있는 yield가 하나 더 남아 있는데도 종료되었다.

14.5 제너레이터와 프로미스를 같이 사용하기

앞서 살펴본 것처럼 프로미스는 비동기 프로그래밍에 매우 유용하며, 제너레이터와 같이 사용하면 콜백 지옥 같은 문제를 방지할 수 있는 매우 강력한 도구이다.

여기에서는 ES6에 대해서만 논의하고 있으므로 ES2017에서 도입된 비동기 (async) 함수에 대해 설명하지는 않겠다. 단지 비동기 함수의 작동 방식이 여기서 다룰 내용을 기반으로 한다는 것 정도만 알고 있으면 된다.

비동기 함수에 대해서는 19장에서 더 자세히 살펴볼 것이다.

제너레이터를 프로미스와 함께 사용하면 마치 동기 코드처럼 느껴지게 비동기 코드를 작성할 수 있다.

프로미스가 완료될 때까지 기다렸다가 완료될 때 반환된 값을 .next() 호출 시점에 제너레이터로 다시 전달하는 다음 코드를 살펴보자.

```
const myPromise = () => new Promise((resolve) => {
  resolve("our value is...");
});

function* gen() {
  let result = "";
  // 프로미스를 반환
  yield myPromise().then(data => { result = data });
  // 프로미스의 결과를 기다린 후 이 값을 사용
  yield result + ' 2';
};

// 비동기 함수를 호출
const asyncFunc = gen();
```

```
const val1 = asyncFunc.next();
console.log(val1);

// {value: Promise, done: false}
// 프로미스가 완료되기를 기다린 후 .next()를 호출
val1.value.then(() => {
  console.log(asyncFunc.next());
});
// {value: "our value is... 2", done: false}
```

.next()를 처음 호출하면 프로미스를 반환한다. 해당 프로미스가 완료되기를 기다렸다가 .next()를 다시 호출하면 제너레이터 내부에서는 프로미스에서 반환한 값을 사용하여 작업을 수행한다(이 예제에서는 반환된 값에 문자열을 이어 붙인다).

Quiz

14.1 제너레이터 함수의 올바른 문법은?

① `generator function() {...}`

② `new generator() {...}`

③ `function*() {...}`

14.2 제너레이터의 주요 특징은 무엇인가?

① 실행을 멈출 수 없다.

② 다른 함수들을 생성할 수 있다.

③ 덮어 쓰는 것이 불가능하다.

④ 실행을 멈추거나 재시작할 수 있다.

14.3 다음 코드의 올바른 출력은?

```javascript
function* fruitList() {
  yield 'Banana';
  yield 'Apple';
  yield 'Pomelo';
  yield 'Mangosteen';
  yield 'Orange';
}

const fruits = fruitList();
fruits.next();
fruits.next();
fruits.next();
```

① {value: "Banana", done: false}

② {value: "Pomelo", done: true}

③ {value: "Mangosteen", done: false}

④ {value: "Pomelo", done: false}

14.4 다음 코드의 올바른 출력은?

```javascript
function* fruitList() {
  yield 'Banana';
  yield 'Apple';
  yield 'Orange';
}

const fruits = fruitList();
fruits.return();
```

① {value: "Banana", done: true}

② {value: undefined, done: false}

③ {value: "Banana", done: false}

④ {value: undefined, done: true}

CHAPTER 15

프록시

15.1 프록시

MDN에서는 **프록시**proxy를 다음과 같이 정의한다.

> 프록시(Proxy) 객체는 기본 작업(예: 속성 조회, 할당, 열거, 함수 호출
> 등)에 대해 사용자 지정 동작을 추가로 정의하는 데 사용된다.

15.2 프록시 생성

프록시를 생성하는 방법은 다음과 같다.

```
var x = new Proxy(target, handler);
```

- target은 객체, 함수, 다른 프록시 등 무엇이든 가능하다.
- handler는 작업이 수행될 때 프록시의 동작을 정의하는 객체이다.

다음 코드를 보자.

```
// 원본 객체
const dog = {breed: "German Shephard", age: 5};

// 프록시 객체
const dogProxy = new Proxy(dog, {
  get(target, breed) {
    return target[breed].toUpperCase();
  },
  set(target, breed, value) {
    console.log("changing breed to...");
    target[breed] = value;
  },
});

console.log(dogProxy.breed);
```

```
// "GERMAN SHEPHARD"
console.log(dogProxy.breed = "Labrador");
// changing breed to...
// "Labrador"
console.log(dogProxy.breed);
// "LABRADOR"
```

get 메서드를 호출할 때 정상적인 실행 흐름에 끼어들어서 breed의 값을 대문자로 변경했다.

set 메서드로 새 값을 설정할 때도 다시 끼어들어서 값을 설정하기 전에 짧은 메시지를 출력했다.

15.3 프록시 활용

프록시는 매우 유용하다. 일례로, 데이터를 검증하는 데 사용할 수 있다.

```
const validateAge = {
  set: function(object, property, value) {
    if (property === 'age') {
      if (value < 18) {
        throw new Error('you are too young!');
      }
      else {
        // 기본 동작
        object[property] = value;
        return true;
      }
    }
  }
};

const user = new Proxy({}, validateAge);

user.age = 17;
// Uncaught Error: you are too young!
```

```
user.age = 21;
// 21
```

user 객체의 age 속성을 설정할 때마다 validateAge 함수가 실행되어 age 속성의 값이 18보다 작은 경우 오류를 발생시킨다.

프록시는 동일한 내용의 게터와 세터를 많은 속성에 적용해야 할 때 매우 유용하다. 이럴 때 프록시를 사용하면 하나의 게터와 하나의 세터만 정의하면 된다. 먼저 프록시를 사용하지 않는 예시를 살펴보자.

```
const dog  = {
  _name: 'pup',
  _age: 7,

  get name() {
    console.log(this._name);
  },
  get age() {
    console.log(this._age);
  },

  set name(newName) {
    this._name = newName;
    console.log(this._name);
  },
  set age(newAge) {
    this._age = newAge;
    console.log(this._age);
  },
};

dog.name;
// pup
dog.age;
// 7
dog.breed;
// undefined
dog.name = 'Max';
// Max
```

```
dog.age = 8;
// 8
```

잠시 name, age 대신 _name, _age 형태의 이름을 사용했다는 점에 주목하자. 자바스크립트 코딩 관습에서 _ 기호는 프라이빗private 속성을 정의하는 데 사용된다. 즉, 클래스 내부에서만 접근이 가능한 속성을 의미한다. 자바스크립트에서 이를 문법적으로 강제하지는 않지만, 개발자가 프라이빗 속성들을 빠르게 식별할 수 있도록 이렇게 사용하곤 한다.

또한 예를 들어 다음과 같은 형태로 함수가 작성된 경우 this.name은 세터를 다시 호출하므로 무한 루프가 발생한다. 이때 속성의 이름 앞에 _ 기호를 사용하면 문제를 피할 수 있다.

```
set name(newName) {
  this.name = newName;
}
```

물론 이것은 다음과 같이 세터의 이름을 다른 이름으로 변경하여 얻을 수 있는 효과와 동일하다.

```
set rename(newName) {
  this.name = newName;
}
```

예제 코드로 돌아가자. name과 age라는 두 가지 속성이 있으며 각각에 대해 게터와 세터를 만들어야 했다. 여기서 breed와 같이 객체에 존재하지 않는 속성에 접근하려고 하면 undefined가 반환된다.

이제 프록시를 사용하여 더 간결하게 작성한 코드를 살펴보자.

```
const dog  = {
  name: 'pup',
```

```
  age: 7,
};
const handler = {
  get: (target, property) => {
    property in target ? console.log(target[property]) : console.
log('property not found');
  },
  set: (target, property, value) => {
    target[property] = value;
    console.log(target[property]);
  },
};

const dogProxy = new Proxy(dog, handler);

dogProxy.name;
// pup
dogProxy.age;
// 7
dogProxy.name = 'Max';
// Max
dogProxy.age = 8;
// 8
dogProxy.breed;
// property not found
```

이 예시에서는 dog 객체를 만들었지만 객체 내부에 게터와 세터를 따로 정의하지 않았다. 대신, 하나의 게터와 세터로 모든 속성을 처리할 수 있게 handler를 만들었다. 게터는 객체와 속성 두 인수를 받아 해당 객체에 해당 속성이 존재하는지 확인하고, 존재하면 해당 속성의 값을 출력하고, 존재하지 않으면 사용자가 지정한 메시지를 출력한다. 세터는 세 인수(target, property, value)를 받는다. 여기에 특별한 부분은 없고, 단순히 속성을 새 값으로 설정하고 출력했다.

이와 같이 프록시를 사용하여 두 가지를 달성했다.

- 더 짧고 깔끔한 코드
- 사용할 수 없는 속성에 접근할 때 사용자 지정 메시지를 출력

Quiz

15.1 프록시의 용도는?

① 고유한 값 저장

② 기본 작업에 사용자 지정 동작 정의

③ 다른 함수가 접근할 수 없는 값 만들기

15.2 프록시는 몇 개의 매개변수를 받는가?

① 1

② 2

③ 3

④ 4

15.3 다음 중 올바른 것은?

① 프록시의 target 매개변수는 배열이어야 한다.

② 프록시의 target 매개변수는 배열이 아니어야 한다.

③ 프록시의 target 매개변수는 다른 프록시가 될 수 있다.

④ 프록시의 target 매개변수는 다른 프록시가 될 수 없다.

CHAPTER 16

세트, 위크셋, 맵, 위크맵

16.1 세트

세트(집합)^{set}란 어떠한 자료형의 값이든 각 원소를 **고유하게** 저장하는 객체이다.

```
// 세트 생성
const family = new Set();

// 세트에 값 추가
family.add("Dad");
console.log(family);
// Set {"Dad"}

family.add("Mom");
console.log(family);
// Set {"Dad", "Mom"}

family.add("Son");
console.log(family);
// Set {"Dad", "Mom", "Son"}

family.add("Dad");
console.log(family);
// Set {"Dad", "Mom", "Son"]
```

마지막 부분에서 **"Dad"**를 다시 추가하려고 했지만, **Set**는 고유한 값만 가질 수 있기 때문에 동일하게 유지됨을 볼 수 있다.

Set를 계속 사용해보면서 어떤 메서드들이 있는지 살펴보겠다.[1]

```
family.size;
// 3
family.keys();
// SetIterator {"Dad", "Mom", "Son"}
family.entries();
// SetIterator {"Dad", "Mom", "Son"}
```

---

[1] 옮긴이_ 번역 시점에서 파이어폭스 86.0 콘솔에서는 Set.keys() 등을 실행해도 해당 세트의 원소가 출력되지는 않는다.

```
family.values();
// SetIterator {"Dad", "Mom", "Son"}
family.delete("Dad");
family;
// Set {"Mom", "Son"}
family.clear();
family;
// Set {}
```

코드를 보면 알 수 있듯이, Set에는 size 속성이 있으며, delete를 사용해서 하나의 원소를 삭제하거나 clear를 사용하여 모든 원소를 삭제할 수 있다.

또한 Set에는 키가 없기 때문에 .keys()를 호출하면 .values() 또는 .entries()를 호출하는 것과 동일한 결과를 얻는다.

Set에 대한 루프

.next()를 사용하거나 for of 루프를 사용하는 두 가지 방법으로 Set에 대해 반복할 수 있다.

```
// .next() 사용
const iterator = family.values();
iterator.next();
// {value: "Dad", done: false}
iterator.next();
// {value: "Mom", done: false}

// for of 루프 사용
for (const person of family) {
  console.log(person);
}
// Dad
// Mom
// Son
```

values() 메서드는 제너레이터 함수와 비슷하게 next()를 호출할 수 있는

Iterator 객체를 반환한다.

배열에서 중복 제거하기

고유한 값만 보유할 수 있는 Set의 특징을 이용하여 배열에서 중복을 제거할 수 있다.

```javascript
const myArray = ["dad", "mom", "son", "dad", "mom", "daughter"];

const set = new Set(myArray);
console.log(set);
// Set {"dad", "mom", "son", "daughter"}

// Set를 Array로 변환
const uniqueArray = Array.from(set);
console.log(uniqueArray);
// ["dad", "mom", "son", "daughter"]

// 동일 내용을 한 줄로도 작성 가능
const uniqueArray = Array.from(new Set(myArray));
// ["dad", "mom", "son", "daughter"]
```

결과를 보면 새로운 배열에는 원래 배열의 고유한 원소만 포함된다.

16.2 위크셋

위크셋weakSet2은 세트와 유사하지만 객체만 포함할 수 있다.

```javascript
let dad = {name: "Daddy", age: 50};
let mom = {name: "Mummy", age: 45};

const family = new WeakSet([dad, mom]);
```

---

2 옮긴이_ 객체 참조를 약하게(weakly) 보유한다는 의미가 들어 있다. 이 책의 한국어판 부록에서도 '약한 참조'에 대해 다룬다.

```
for (const person of family) {
  console.log(person);
}
// TypeError: family is not iterable
```

WeakSet은 이터러블이 아니다. 이 예제처럼 WeakSet에 대해 for of 루프를 사용하려고 하면 작동하지 않는 것을 확인할 수 있다.

WeakSet이 포함하는 객체가 가비지 컬렉터garbage collector에 의해 삭제되면 해당 객체는 WeakSet에서도 자동으로 삭제된다.[3]

```
let dad = {name: "Daddy", age: 50};
let mom = {name: "Mummy", age: 45};

const family = new WeakSet([dad, mom]);

dad = null;
console.log(family);
// WeakSet {{…}, {…}}

// 몇십 초 정도 기다린 후 다음을 실행하자.
console.log(family);
// WeakSet {{…}}
```

브라우저 콘솔에서 이 예제를 실행하면, dad = null이 실행되고 얼마 후에 가비지 컬렉터가 실행되어 family에서 dad 객체가 제거된 것을 볼 수 있다.[4] 이는 dad를 null로 설정했을 때 참조가 손실되었기 때문이다.

---

[3] 옮긴이_ WeakSet, WeakMap의 경우 가비지 컬렉터에 의해 포함된 원소들이 언제든 삭제될 수 있기 때문에 의도적으로 원소들에 대한 반복을 수행할 수 없도록 설계되었다.

[4] 옮긴이_ 번역 시점에서 파이어폭스에서는 가비지 컬렉션이 일어나지 않았다. 크롬에서는 두 console.log() 사이에서 코드 실행을 잠시 멈추면 결과를 쉽게 확인할 수 있었다. 예를 들어 두 console.log() 사이에 await (ms => { return new Promise(r => setTimeout(r, ms)); })(30000);를 삽입하면 30초간 실행을 멈출 수 있다.

16.3 맵

맵map은 Set와 유사하지만 키/값 쌍으로 이루어진다.

```
const family = new Map();

family.set("Dad", 40);
family.set("Mom", 50);
family.set("Son", 20);

family;
// Map {"Dad" => 40, "Mom" => 50, "Son" => 20}
family.size;
// 3

family.forEach((val, key) => console.log(key, val));
// Dad 40
// Mom 50
// Son 20

for (const [key, val] of family) {
  console.log(key, val);
}
// Dad 40
// Mom 50
// Son 20
```

Set는 for of 루프로만 반복할 수 있지만, Map은 반복을 위해 for of 루프와 forEach 함수 둘 다 사용할 수 있다.

16.4 위크맵

위크맵weakMap은 키/값 쌍의 모음이지만 키는 객체여야만 한다. WeakSet과 유사하게 WeakMap에서도 키(객체)는 약하게weakly 참조된다.[5] 따라서 키로 사용된 객체의 참조가 손실되어 가비지 컬렉터에 의해 수집되면 WeakMap에서도 해당 키/값 쌍이 자동으로 제거된다.

WeakMap은 열거 가능하지 않기 때문에 원소에 반복을 수행하는 것이 불가능하다.

```
let dad = {name: "Daddy"};
let mom = {name: "Mommy"};

const myMap = new Map();
const myWeakMap = new WeakMap();

myMap.set(dad, "any value");
myWeakMap.set(mom, "any value");

dad = null;
mom = null;

console.log(myMap);
console.log(myWeakMap);
// Map {{…} => "any value"}
// WeakMap {{…} => "any value"}

// 몇십 초 정도 기다린 후 다음을 실행하자.
console.log(myMap);
console.log(myWeakMap);
// Map {{…} => "any value"}
// WeakMap {}
```

결과를 보면 값을 null로 설정한 객체는 가비지 컬렉터에 의해 수집되기 때문에 WeakMap에서는 제거되었지만 Map 안에는 남아 있다.

---

5 옮긴이_ 원시 자료형은 WeakMap의 키가 될 수 없고 객체만 키가 될 수 있다.

Quiz

16.1 다음 중 존재하지 않는 것은?

① Set

② WeakSet

③ StrongSet

④ WeakMap

16.2 다음 정의 중 올바른 것은?

① Set는 객체만 저장할 수 있다.

② WeakSet은 객체만 저장할 수 있다.

③ WeakSet은 덮어 쓸 수 있다.

④ Set와 WeakSet 모두 객체만 저장할 수 있다.

16.3 다음 정의 중 올바른 것은?

① Map은 키만 저장한다.

② Set는 키와 값을 모두 저장하고 Map은 값만 저장한다.

③ Map은 키와 값을 모두 저장하고 Set는 값만 저장한다.

④ Map과 Set 모두 값만 저장한다.

CHAPTER 17

ES2016의 새로운 기능

ES2016에서는 두 가지 기능이 새롭게 도입되었다.

- `Array.prototype.includes()`
- 지수 연산자(`**`)

17.1 Array.prototype.includes()

`includes()` 메서드는 배열에 특정 원소가 포함되어 있으면 true를 반환하고 그렇지 않으면 false를 반환한다.

```
let array = [1, 2, 4, 5];

array.includes(2);
// true
array.includes(3);
// false
```

includes()를 인덱스와 함께 사용하기

`includes()`에 인덱스를 추가해서 원소를 검색할 수 있다. 기본값은 0이지만 음수를 전달할 수도 있다.

`includes()`에 전달하는 첫 번째 값은 검색할 원소이고, 두 번째 값이 검색을 시작할 인덱스이다.

```
let array = [1, 3, 5, 7, 9, 11];
// 인덱스 1부터 시작해서 숫자 3을 찾기
array.includes(3, 1);
// true
array.includes(5, 4);
//false
// 배열 끝에서 첫 번째 인덱스부터 숫자 1을 찾기
array.includes(1, -1);
```

```
// false
// 배열 끝에서 세 번째 인덱스부터 숫자 11을 찾기
array.includes(11, -3);
// true
```

array.includes(5, 4);는 false를 반환했다. 배열은 실제로 인덱스 2에 숫자 5를 포함하고 있지만 인덱스 4부터 찾기 시작했기 때문이다.

array.includes(1, -1);는 인덱스 -1, 즉 배열의 마지막 원소부터 찾기 시작했기 때문에 false를 반환했다.

array.includes(11, -3);는 인덱스 -3, 즉 배열의 마지막 원소부터 3번째 원소(7)부터 찾기 시작했기 때문에 11을 찾을 수 있었고 따라서 true를 반환했다. 반면, 예를 들어 5를 인덱스 -3부터 찾는다면(array.includes(5, -3)) false를 반환할 것이다.

17.2 지수 연산자

ES2016 이전에는 지수 계산을 위한 코드를 다음과 같이 작성했다.

```
Math.pow(2, 2);
// 4
Math.pow(2, 3);
// 8
```

이제 새로운 지수 연산자(**)를 사용하여 다음과 같이 코드를 작성할 수 있다.

```
2 ** 2;
// 4
2 ** 3;
// 8
```

지수 연산자는 다음 예제와 같이 여러 연산을 결합할 때 매우 유용하다.

```
2 ** 2 ** 2;
// 16
Math.pow(Math.pow(2, 2), 2);
// 16
```

Math.pow()를 사용하면 함수를 계속 이어서 써야 해서 코드의 가독성이 떨어지지만, 지수 연산자를 사용하면 동일한 작업을 더 간결하게 표현할 수 있다.

Quiz

17.1 ES2016에 도입된 새로운 배열 메서드는?

① Array.prototype.contains()

② Array.prototype.has()

③ Array.prototype.includes()

④ Array.prototype.find()

17.2 다음 코드의 올바른 출력은?

```
let array = [1, 3, 5, 7, 9, 11];

array.includes(5, 4);
```

① 4

② true

③ 5

④ false

17.3 다음 작업을 수행하는 코드를 작성해보자.

새로운 지수 연산자를 활용하여 다음 코드를 리팩터링하자.

```
Math.pow(Math.pow(2, 2), 2);
// 16
```

CHAPTER 18

ES2017: 문자열 패딩, Object.entries( ), Object.values( ) 등

ES2017에서는 많은 멋진 기능이 새롭게 도입되었다. 두 장에 걸쳐 살펴보겠다.

18.1 문자열 패딩

문자열 끝 부분 또는 시작 부분에 패딩^{padding}을 추가할 수 있다. 각각 padEnd()와
padStart()를 쓴다.

```
"hello".padStart(6);
// " hello"
"hello".padEnd(6);
// "hello "
```

여기서 패딩으로 6을 지정했는데 두 경우 모두 1개의 공간만 확보된 이유는 무엇
일까? 예제에서 "hello"는 5글자이고 패딩은 6으로 지정되었기 때문에 빈 공간
이 1개만 남는다. padStart()와 padEnd()는 결국 이 1개의 빈 공간을 채워넣게
된다.

다음 예시를 살펴보면 더 명확히 알 수 있다.

```
"hi".padStart(10);
// 10 - 2 = 8스페이스
// "        hi"
"welcome".padStart(10);
// 10 - 6 = 4스페이스
// "   welcome"
```

padStart()와 오른쪽 정렬

문자열을 오른쪽 정렬하고 싶을 때 padStart()를 활용할 수 있다.

```
const strings = ["short", "medium length", "very long string"];

const longestString = strings.sort((a, b) => b.length - a.length).
map(str => str.length)[0];

strings.forEach(str => console.log(str.padStart(longestString)));

// very long string
//    medium length
//            short
```

먼저 가장 긴 문자열을 찾아서 그 길이를 측정했다. 그런 다음 가장 긴 문자열의
길이를 기준으로 모든 문자열에 padStart()를 적용하면 모든 문자열을 완벽하
게 오른쪽으로 정렬할 수 있다.

패딩에 사용자 지정 값 추가

패딩은 공백을 추가하는 것뿐만 아니라 문자열이나 숫자를 덧붙이는 데에도 사용
할 수 있다.

```
"hello".padEnd(13, " Alberto");
// "hello Alberto"
"1".padStart(3, 0);
// "001"
"99".padStart(3, 0);
// "099"
```

18.2 Object.entries()와 Object.values()

객체 내부의 값에 쉽게 접근하는 방법도 도입되었다. 먼저 다음과 같은 객체를 생
성하자.

```
const family = {
  father: "Jonathan Kent",
  mother: "Martha Kent",
  son: "Clark Kent",
};
```

이전 버전의 자바스크립트에서는 다음과 같은 방법으로 객체 내부의 값에 접근했다.

```
Object.keys(family);
// ["father", "mother", "son"]
family.father;
// "Jonathan Kent"
```

즉 Object.keys()는 객체의 키만 반환하기 때문에, 값에 접근하기 위해서는 해당 키를 먼저 얻은 다음 그 키를 통해 값에 접근해야 했다.

이제 다음과 같이 객체에 접근하는 방법이 두 가지 더 생겼다.

```
Object.values(family);
// ["Jonathan Kent", "Martha Kent", "Clark Kent"]

Object.entries(family);
// [
//   ["father", "Jonathan Kent"],
//   ["mother", "Martha Kent"],
//   ["son", "Clark Kent"]
// ]
```

Object.values()는 모든 값이 담긴 배열을 반환하고, Object.entries()는 키와 값을 모두 포함하는 배열의 배열을 반환한다.

18.3 Object.getOwnPropertyDescriptors()

이 메서드는 객체가 소유한 모든 속성 설명자를 반환한다. 속성의 `value`, `writable`, `get`, `set`, `configurable`, `enumerable` 등을 반환한다.

```
const myObj = {
  name: "Alberto",
  age: 25,
  greet() {
    console.log("hello");
  },
};
Object.getOwnPropertyDescriptors(myObj);
// age:{value: 25, writable: true, enumerable: true, configurable:
true}

// greet:{value: f, writable: true, enumerable: true, configurable:
true}

// name:{value: "Alberto", writable: true, enumerable: true, configu-
rable: true}
```

18.4 후행 쉼표

후행 쉼표trailing comma는 사소한 문법 변경에 해당한다. 이제 객체나 함수를 작성할 때 마지막 매개변수인지 여부에 관계없이 각 매개변수 뒤에 쉼표를 찍는 것이 허용된다.1 객체의 예를 살펴보자.

```
// 기존
const object = {
  prop1: "prop",
```

---

1 옮긴이_ 자바스크립트는 처음부터 배열 리터럴에서 후행 쉼표를 허용했고, 객체 리터럴에 도입된 것은 ES5, 함수에도 도입된 것
  이 ES2017이다.

```
  prop2: "propop"
};

// 후행 쉼표 허용됨
const object = {
  prop1: "prop",
  prop2: "propop",
};
```

두 번째 속성 끝에 쉼표를 어떻게 작성했는지 주목하자. 쉼표를 넣지 않아도 오류가 발생하지는 않지만, 속성을 추가하거나 변경할 때 실수를 줄일 수 있으므로 넣는 것이 좋다.

```
// 내가 작성한 코드
const object = {
  prop1: "prop",
  prop2: "propop"
};

// 같이 개발하는 동료가 새로운 속성을 추가
const object = {
  prop1: "prop",
  prop2: "propop"
  prop3: "propopop"
};
// prop2에 후행 쉼표가 없었기 때문에
// 새 속성 prop3를 추가할 때 실수로 위와 같이 잘못된 코드를 작성할 가능
성이 큼
```

18.5 어토믹스

자바스크립트는 기본적으로 웹 브라우저 위에서 단일 스레드로 동작하지만, HTML5 웹 워커web worker API 도입으로 백그라운드 스레드에서도 코드 실행이 가능해짐에 따라 멀티 스레드 환경을 지원하기 위해 공유 메모리 모델과 **어토믹스**atomics가 도입되었다.

MDN에서는 어토믹스에 대해 다음과 같이 설명한다.

> 메모리가 공유되면 여러 스레드가 메모리에서 동일한 데이터를 읽고 쓸 수 있다. Atomics를 이용한 작업은 이러한 환경에서도 정확하게 값을 읽고 쓸 수 있게 해준다. 또 Atomics를 이용한 작업은 다음 작업이 시작되기 전에 완료되고, 중단interrupt되지 않는 것이 보장된다.
>
> Atomics는 생성자가 아니며 Atomics의 모든 속성과 메서드는 정적static이므로(예를 들어 Math 클래스와 마찬가지로), Atomics를 new 연산자와 함께 사용하거나 함수 형태로 호출할 수는 없다.

Atomics의 메서드 중 일부는 다음과 같다.

- add / sub
- and / or / xor
- load / store

Atomics는 범용 고정 길이 바이너리 데이터 버퍼를 표현하는 SharedArrayBuffer 객체와 함께 사용된다.

이들 메서드의 사용 예시를 살펴보자.

Atomics.add(), Atomics.sub(), Atomics,load(), Atomics.store()

Atomics.add()는 호출 시에 3개의 인수, 즉 배열, 인덱스, 값을 인수로 받고, 더하기를 수행하기 전에 해당 인덱스에 존재하던 이전 값을 반환한다.

```
// SharedArrayBuffer를 생성
const buffer = new SharedArrayBuffer(16);
const uint8 = new Uint8Array(buffer);
```

```
// 0번 인덱스에 값을 추가
uint8[0] = 10;

console.log(Atomics.add(uint8, 0, 5));
// 10

// 10 + 5 = 15
console.log(uint8[0])
// 15
console.log(Atomics.load(uint8, 0));
// 15
```

보다시피 `Atomics.add()`를 호출하면 해당 배열 인덱스에 존재하던 이전 값이 반환된다. `uint8[0]`을 넣어 `console.log()`를 다시 호출하면 더하기를 수행한 결과인 15를 반환하는 것을 확인할 수 있다.

배열에서 특정 값을 가져오기 위해서는 `Atomics.load()`에 배열과 인덱스를 인수로 전달하면 된다.

`Atomics.sub()`는 `Atomics.add()`와 같은 방식으로 동작하지만 값을 뺀다.

```
// SharedArrayBuffer를 생성
const buffer = new SharedArrayBuffer(16);
const uint8 = new Uint8Array(buffer);

// 0번 인덱스에 값을 추가
uint8[0] = 10;

console.log(Atomics.sub(uint8, 0, 5));
// 10

// 10 - 5 = 5
console.log(uint8[0])
// 5
console.log(Atomics.store(uint8, 0, 3));
// 3
console.log(Atomics.load(uint8, 0));
// 3
```

위 예제에서는 `Atomics.sub()`를 사용하여 `uint8[0]` 위치의 값에서 5를 뺐다(10 − 5). `Atomics.add()`와 마찬가지로 `Atomics.sub()` 메서드도 해당 인덱스의 이전 값(10)을 반환한다.

그런 다음 `Atomics.store()`를 사용하여 특정 값(3)을 배열의 특정 인덱스(첫 번째 위치인 0)에 저장했다.

`Atomics.store()`는 방금 전달한 값(3)을 반환한다. 끝으로 해당 인덱스에서 `Atomics.load()`를 호출하면 더 이상 5가 아닌 3이 표시된다.

Atomics.and(), Atomics.or(), Atomics.xor()

이 세 가지 메서드는 모두 배열의 지정된 위치에서 비트 AND, OR, XOR 연산을 수행한다. 비트 연산에 관한 자세한 설명은 위키백과 등에서 확인할 수 있다.

- *https://ko.wikipedia.org/wiki/비트_연산*

Quiz

18.1 다음 코드의 올바른 출력은?

```
"hello".padStart(6);
```

① `" hello"`

② `"hello "`

③ `" hello "`

④ `"hello"`

18.2 다음 작업을 수행하는 코드를 작성하자.

padStart를 사용하여 다음 세 문자열을 모두 오른쪽으로 정렬해보자.

```
const strings = ["short", "medium length", "very long string"];

// 기대 출력
//            short
//    medium length
// very long string
```

18.3 다음 중 ES2016에 추가되지 않은 것은?

① Object.entries()

② Object.keys()

③ Object.values()

18.4 다음 코드의 올바른 출력은?

```
const buffer = new SharedArrayBuffer(16);
const uint8 = new Uint8Array(buffer);

uint8[0] = 10;

console.log(Atomics.add(uint8, 0, 5));
```

① 0

② 10

③ 15

④ 5

18.5 다음 코드의 올바른 출력은?

```
const buffer = new SharedArrayBuffer(16);
const uint8 = new Uint8Array(buffer);

uint8[0] = 10;

Atomics.sub(uint8, 0, 6);

console.log(Atomics.load(uint8, 0));
```

① 0

② 10

③ 6

④ 4

CHAPTER 19

ES2017: async와 await

ES2017에서는 async/await 키워드를 이용한 새로운 프로미스 작업 방식이 도입되었다.

19.1 프로미스 다시 보기

새로운 문법을 살펴보기 전에 프로미스를 사용하는 일반적인 방식을 간단히 리뷰해보자.

```javascript
// 깃허브에서 사용자 정보 조회
fetch('https://api.github.com/users/AlbertoMontalesi').then(res => {
  // 응답을 json형식으로 반환
  return res.json();
}).then(res => {
  // 성공 시 데이터를 출력
  console.log(res);
}).catch(err => {
  // 실패 시 오류 출력
  console.log(err);
});
```

이것은 깃허브 API로 특정 깃허브 사용자에 대한 정보를 가져와서 콘솔에 출력하는 매우 간단한 프로미스 코드다.

또 다른 예를 살펴보자.

```javascript
function walk(amount) {
  return new Promise((resolve, reject) => {
    if (amount < 500) {
      reject ("the value is too small");
    }
    setTimeout(() => resolve(`you walked for ${amount}ms`), amount);
  });
}
```

```
walk(1000).then(res => {
  console.log(res);
  return walk(500);
}).then(res => {
  console.log(res);
  return walk(700);
}).then(res => {
  console.log(res);
  return walk(800);
}).then(res => {
  console.log(res);
  return walk(100);
}).then(res => {
  console.log(res);
  return walk(400);
}).then(res => {
  console.log(res);
  return walk(600);
});

// you walked for 1000ms
// you walked for 500ms
// you walked for 700ms
// you walked for 800ms
// uncaught exception: the value is too small
```

단순한 흐름이므로 특별히 설명할 것은 없다. 이제 async/await 문법을 사용해서 이 예제의 프로미스를 어떻게 다시 작성할 수 있는지 살펴보자.

19.2 async/await

다음 코드를 보자.

```
function walk(amount) {
  return new Promise((resolve, reject) => {
    if (amount < 500) {
      reject («the value is too small»);
```

```
    }
    setTimeout(() => resolve(`you walked for ${amount}ms`), amount);
  });
}

// 비동기 함수 선언
async function go() {
  // 프로미스가 완료될 때까지 기다리기 위해 await 키워드를 사용
  const res = await walk(500);
  console.log(res);
  const res2 = await walk(900);
  console.log(res2);
  const res3 = await walk(600);
  console.log(res3);
  const res4 = await walk(700);
  console.log(res4);
  const res5 = await walk(400);
  console.log(res5);
  console.log("finished");
}

go();

// you walked for 500ms
// you walked for 900ms
// you walked for 600ms
// you walked for 700ms
// uncaught exception: the value is too small
```

이 예제 코드를 하나씩 분석해보자.

- 비동기 함수를 만들려면 함수 앞에 **async** 키워드를 넣어야 한다.

- 해당 키워드는 자바스크립트에게 항상 프로미스를 반환하도록 지시한다.

- 비동기 함수 내에서 프로미스가 아닌 값을 반환하게 작성하면 자바스크립트가 해당 값을 자동으로 프로미스로 감싼 후에 반환한다.

- **await** 키워드는 비동기 함수 내에서만 작동한다.

- 이름에서 알 수 있듯이 **await** 키워드는 프로미스가 결과를 반환할 때까지 기다리도록 자바스크립트에 지시한다.

비동기 함수가 아닌 곳에서 await를 사용하려고 하면 어떤 일이 발생하는지 살펴보자.

```
// 일반 함수에서 await 키워드를 사용한 경우
function func() {
  let promise = Promise.resolve(1);
  let result = await promise;
}
func();
// SyntaxError: await is only valid in async functions and async gener-
ators


// 코드의 최상위 레벨에서 await를 사용한 경우
let response = Promise.resolve("hi");
let result = await response;
// SyntaxError: await is only valid in async functions and async gener-
ators
```

명심하자. await는 비동기 함수 내에서만 사용할 수 있다.

19.3 오류 처리

일반적인 프로미스에서는 .catch()를 사용하여 프로미스가 반환하는 오류들을 처리한다. async/await 문법을 사용할 때도 크게 다르지 않다.

```
async function asyncFunc() {
  try {
    let response = await fetch('your-url');
  } catch(err) {
    console.log(err);
  }
}

asyncFunc();
// TypeError: failed to fetch
```

보통은 try ... catch 구문을 사용하여 오류를 처리하지만, 해당 구문 없이도 다음과 같이 오류를 처리할 수 있다.

```
async function asyncFunc() {
  let response = await fetch('your-url');
}
asyncFunc();
// Uncaught (in promise) TypeError: Failed to fetch

asyncFunc().catch(console.log);
// TypeError: Failed to fetch
```

Quiz

19.1 다음 코드의 올바른 출력은?

```
function func() {
  let promise = Promise.resolve(1);
  let result = await promise;
}
func();
```

① 1

② true

③ undefined

④ SyntaxError

19.2 다음 코드의 마지막 출력은?

```
function walk(amount) {
  return new Promise((resolve, reject) => {
    if (amount > 500) {
      reject ("the value is too big");
    }
    setTimeout(() => resolve(`you walked for ${amount}ms`),
amount);
  });
}

async function go() {
  const res = await walk(500);
  console.log(res);
  const res2 = await walk(300);
  console.log(res2);
  const res3 = await walk(200);
  console.log(res3);
  const res4 = await walk(700);
  console.log(res4);
  const res5 = await walk(400);
  console.log(res5);
  console.log("finished");
}

go();
```

① "you walked for 700ms"

② "you walked for 400ms"

③ uncaught exception: the value is too big

④ "finished"

CHAPTER 20

ES2018의 새로운 기능

이 장에서는 ES2018에 도입된 내용을 살펴보도록 하자.

20.1 객체에 레스트/스프레드 연산자 사용하기

앞서 살펴본 바와 같이 ES6에서는 다음과 같이 배열에 스프레드 연산자를 적용하는 것이 가능하다.

```
const veggie = ["tomato", "cucumber", "beans"];
const meat = ["pork", "beef", "chicken"];

const menu = [...veggie, "pasta", ...meat];
console.log(menu);
// ["tomato", "cucumber", "beans", "pasta", "pork", "beef", "chicken"]
```

ES2018부터는 객체에도 레스트/스프레드 구문을 사용할 수 있다.

```
let myObj = {
  a: 1,
  b: 3,
  c: 5,
  d: 8,
};

// 레스트 연산자를 사용하여 a, b를 제외한 나머지 속성을 변수 z에 할당
let {a, b, ...z} = myObj;
console.log(a);    // 1
console.log(b);    // 3
console.log(z);    // {c: 5, d: 8}

// 스프레드 연산자를 사용하여 myObj의 복사본을 생성
let clone = {...myObj};
console.log(clone);
// {a: 1, b: 3, c: 5, d: 8}
myObj.e = 15;
console.log(clone);
// {a: 1, b: 3, c: 5, d: 8}
```

```
console.log(myObj);
// {a: 1, b: 3, c: 5, d: 8, e: 15}
```

스프레드 연산자를 사용하면 객체의 복사본을 쉽게 만들 수 있고, 원래 객체를 수정하더라도 당연히 이 복사본에는 영향이 없다. 이는 배열에 대해 설명했던 내용과 동일하다.

20.2 비동기 반복

비동기 반복을 사용하면 데이터를 비동기적으로 반복할 수 있다. 자바스크립트 명세서에서는 **비동기 반복자**asynchronous Iterator에 대해 다음과 같이 설명한다 (*https://tc39.es/proposal-async-iteration*).

> 비동기 반복자는 next() 메서드가 {value, done} 쌍에 대한 프로미스를 반환한다는 점을 제외하면 동기 반복자와 매우 유사하다.

비동기 반복을 위해, 각각의 이터러블을 프로미스로 변환해서 작동하는 for-await-of 루프를 사용할 수 있다.

```
const iterables = [1, 2, 3];

async function test() {
  for await (const value of iterables) {
    console.log(value);
  }
}
test();
// 1
// 2
// 3
```

실행 중에 이터러블이 가진 [Symbol.asyncIterator]() 메서드를 통해 비동기 반복자가 생성된다. 루프 속에서 이터러블의 다음 값에 접근할 때마다 반복자 메서드에서 반환된 프로미스를 await한다.

20.3 Promise.prototype.finally()

.finally()로 프로미스가 완료될 때 호출할 콜백을 등록할 수 있다.

```
const myPromise = new Promise((resolve, reject) => {
  resolve();
});

myPromise
  .then(() => {
    console.log('still working');
  })
  .catch(() => {
    console.log('there was an error');
  })
  .finally(() => {
    console.log('Done!');
  });
```

.finally() 또한 프로미스를 반환하므로 .then()과 .catch()를 계속 연결할 수는 있지만, 연결된 프로미스는 .finally()가 반환한 값이 아니라 그 전의 프로미스가 반환한 값을 전달받게 된다.

```
const myPromise = new Promise((resolve, reject) => {
  resolve();
});

myPromise
  .then(() => {
    console.log('still working');
    return 'still working';
  })
  .finally(() => {
```

```
      console.log('Done!');
      return 'Done!';
    })
    .then(res => {
      console.log(res);
    });
  // still working
  // Done!
  // still working
```

이 코드를 보면 `.finally()` 뒤에 연결된 `.then()`으로 들어오는 값은 `.finally()`가 반환한 값이 아니라 첫 번째 `.then()`에서 반환한 값이다.

20.4 정규식 기능 추가

ECMAScript의 새 버전에는 네 가지 새로운 정규식(RegExp) 관련 기능이 추가되었다.

- s(dotAll) 플래그
- 명명된 캡처 그룹
- 룩비하인드 어서션
- 유니코드 속성 이스케이프

정규식에 대한 s(dotAll) 플래그

ECMAScript 정규식에 새로 도입된 s 플래그는 `.` 표현식[1]이 개행 문자를 포함한 모든 문자를 포함하도록 한다.

```
/foo.bar/s.test('foo\nbar');
// true
```

---

[1] 옮긴이_ 정규식에서 `.` 표현식은 개행 문자를 제외한 모든 문자를 의미한다.

명명된 캡처 그룹

자바스크립트 명세서의 **명명된 캡처 그룹**^{named capture group} 문서 내용을 바탕으로 설명하겠다.

- *https://tc39.es/proposal-regexp-named-groups*

번호가 매겨진 캡처 그룹으로 정규식이 일치하는 문자열의 특정 부분을 참조할 수 있다. 각 캡처 그룹에는 순서대로 고유 번호가 할당되고 해당 번호를 사용하여 참조할 수 있다. 하지만 자동으로 할당되는 번호만으로는 정규식을 파악하고 리팩터링하기가 어렵다.

예를 들어 정규식 /(\d{4})-(\d{2})-(\d{2})/를 날짜와 매칭한다고 하면 주변 코드를 검사하지 않고서는 어떤 그룹이 월에 해당하고 어떤 그룹이 일에 해당하는지 확신하기 어렵다. 또한 월과 일의 순서를 바꾸고 싶다면 그룹 참조 번호도 그 순서에 맞춰 변경해야 한다.

(?<name>...) 구문을 사용하면 캡처 그룹에 원하는 이름을 지정할 수 있다. 이를 이용하면 앞의 예에서 날짜에 대한 정규식을 /(?<year>\d{4})-(?<month>\d{2})-(?<day>\d{2})/u 형태로 작성할 수 있다. 각 이름은 고유해야 하며 ECMAScript IdentifierName[2]의 문법을 따라야 한다. 명명된 그룹은 매칭 결과를 담은 객체의 **groups** 속성을 통해서 접근할 수 있다. 기존의 명명되지 않은 그룹과 마찬가지로, 그룹에 대한 번호 참조도 함께 생성된다. 다음 예시를 보자.

```
let re = /(?<year>\d{4})-(?<month>\d{2})-(?<day>\d{2})/u;
let result = re.exec('2015-01-02');
// result.groups.year === '2015';
// result.groups.month === '01';
// result.groups.day === '02';

// result[0] === '2015-01-02';
```

---

2 옮긴이_ 자세한 내용은 ECMAScript 명세서를 참고. *https://262.ecma-international.org/9.0/#sec-names-and-keywords*

```
// result[1] === '2015';
// result[2] === '01';
// result[3] === '02';

let {groups: {one, two}} = /^(?<one>.*):(?<two>.*)$/u.exec('foo:bar');
console.log(`one: ${one}, two: ${two}`);
// one: foo, two: bar
```

룩비하인드 어서션

자바스크립트 명세서의 **룩비하인드 어서션**lookbehind assertion 문서 내용을 바탕으로 설명하겠다.

- *https://tc39.es/proposal-regexp-lookbehind*

룩비하인드 어서션을 사용하면 패턴 앞에 다른 패턴이 있는지 여부를 확인할 수 있다. 예를 들어 달러를 포함한 문자열에서 달러 기호를 캡처하지 않고 달러 금액 부분만 매칭할 수 있다.

긍정positive 룩비하인드 어서션은 (?<=...)으로 표시하며 그 안에 포함된 패턴이 어서션 다음에 오는 패턴보다 먼저 나오는지를 확인한다. 예를 들어 달러 기호를 캡처하지 않고 달러 금액을 매칭하려면 /(?<=\$)\d+(\.\d*)?/를 사용하여 '$10.53'과 매칭하고 '10.53'만 매칭 결과로 얻을 수 있다. 그러나 이 정규식은 '€10.53' 같은 값과는 매칭되지 않는다.

반대로 부정negative 룩비하인드 어서션은 (?<!...)으로 표시하며, 그 안에 포함된 패턴이 어서션 다음의 패턴보다 앞에 있지 않은지를 검사한다. 예를 들어 /(?<!\$)\d+(?:\.\d*)/는 '$10.53'에 매칭되지는 않지만 '€10.53'과는 매칭된다.

유니코드 속성 이스케이프

자바스크립트 명세서의 **유니코드 속성 이스케이프**^{Unicode property escapes} 문서 내용을 바탕으로 설명하겠다.

- https://tc39.es/proposal-regexp-unicode-property-escapes

\p{...} 및 \P{...} 형식으로 유니코드 속성 이스케이프를 사용할 수 있다. 유니코드 속성 이스케이프는 u 플래그가 설정된 정규식에서 사용할 수 있는 새로운 유형의 이스케이프 시퀀스이다. 이 기능을 이용하면 다음과 같이 작성할 수 있다.

```
const regexGreekSymbol = /\p{Script=Greek}/u;
regexGreekSymbol.test('π');
// true
```

20.5 템플릿 리터럴 제한 해제

태그가 지정된 템플릿 리터럴을 사용할 때 이스케이프 시퀀스에 대한 제한이 제거된다.

자세한 내용은 다음 자바스크립트 명세서를 참고하자.

- https://tc39.es/proposal-template-literal-revision/#sec-template-literals

Quiz

20.1 객체에 대한 스프레드 연산자의 올바른 문법은?

① [...]

② (...)

③ { ... }

④ =>

20.2 다음 코드의 올바른 출력은?

```
let myObj = {
  a: 1,
  b: 2,
  c: 3,
  d: 4,
};

let {a, b, ...z} = myObj;
console.log(z);
```

① [3, 4]

② {c: 3, d: 4}

③ undefined

④ [c, d]

20.3 다음 코드의 올바른 출력은?

```javascript
const myPromise = new Promise((resolve, reject) => {
  resolve();
});
myPromise
  .then(() => {
    return '1';
  })
  .finally(() => {
    return '2';
  })
  .then(res => {
    console.log(res);
  });
```

① 1

② 2

③ 1, 2

CHAPTER 21

ES2019의 새로운 기능

이 장에서는 ES2019에 포함된 내용을 살펴본다.

21.1 Array.prototype.flat()과 Array.prototype.flatMap()

Array.prototype.flat()은 지정한 깊이까지 배열을 재귀적으로 평면화[flatten]한다. 깊이 인수가 지정되지 않으면 1이 기본값이다. Infinity로 지정하면 모든 중첩 배열을 평면화할 수 있다.

```
const letters = ['a', 'b', ['c', 'd', ['e', 'f']]];

// 깊이 1(기본값) 평면화
letters.flat();
// ['a', 'b', 'c', 'd', ['e', 'f']]

// 깊이 2 평면화
letters.flat(2);
// ['a', 'b', 'c', 'd', 'e', 'f']

// 깊이 1 평면화를 두 번 수행해도 동일한 결과
letters.flat().flat();
// ['a', 'b', 'c', 'd', 'e', 'f']

// 중첩된 배열이 모두 없어질 때까지 평면화
letters.flat(Infinity);
// ['a', 'b', 'c', 'd', 'e', 'f']
```

Array.prototype.flatMap()은 .flat()과 동일한 방식으로 깊이 인수를 처리하지만 단순히 배열을 평면화하는 대신 새로운 값으로 매핑되어 생긴 배열을 평면화한다.

```
let greeting = ["Greetings from", " ", "Vietnam"];

// 일반 map() 함수를 사용
```

```
greeting.map(x => x.split(" "));
// ["Greetings", "from"]
// ["", ""]
// ["Vietnam"]


greeting.flatMap(x => x.split(" "));
// ["Greetings", "from", "", "", "Vietnam"]
```

보다시피 `.map()`을 사용하면 배열 안에 배열이 중첩된 결과를 얻게 되지만 `.flatMap()`을 사용하면 이를 평면화할 수 있다.

21.2 Object.fromEntries()

`Object.fromEntries()`는 키/값 쌍이 포함된 배열을 객체로 변환한다.

```
const keyValueArray = [
  ['key1', 'value1'],
  ['key2', 'value2']
];

const obj = Object.fromEntries(keyValueArray);
console.log(obj);
// {key1: "value1", key2: "value2"}
```

배열, 맵 등의 이터러블 프로토콜을 구현하는 객체라면 무엇이든 `Object.fromEntries()`의 인수로 전달 가능하다.

앞에서도 언급했듯, 이터러블 프로토콜에 대한 자세한 내용은 MDN 문서를 참고하자.

21.3 String.prototype.trimStart()와 String.prototype.trimEnd()

trimStart()는 문자열 시작 부분의 공백을 제거하고 trimEnd()는 문자열 끝 부분의 공백을 제거한다.

```
let str = "   this string has a lot of whitespace   ";

str.length;
// 42

str = str.trimStart();
// "this string has a lot of whitespace   "
str.length;
// 38

str = str.trimEnd();
// "this string has a lot of whitespace"
str.length;
// 35
```

trimStart()의 별칭으로 trimLeft()를, trimEnd()의 별칭으로 trimRight()를 사용할 수도 있다.

21.4 선택적 catch 할당

ES2019 이전에는 catch 절에 항상 예외 변수를 포함해야 했다. ES2019에서는 이를 생략할 수 있다.

```
// ES2019 이전
try {
    ...
} catch(error) {
    ...
```

```
}

// ES2019
try {
  ...
} catch {
  ...
}
```

이와 같은 문법은 오류를 무시하고자 할 때 유용하다. 더 자세한 사용 사례들을 보려면 다음 글을 읽어보는 것을 추천한다.

- *https://2ality.com/2017/08/optional-catch-binding.html*

21.5 Function.prototype.toString()

함수 객체의 `.toString()` 메서드는 함수의 소스 코드를 나타내는 문자열을 반환한다.

```
function sum(a, b) {
  return a + b;
}

console.log(sum.toString());
// function sum(a, b) {
//   return a + b;
// }
```

ES2016까지는 소스 코드에서 주석이나 공백 문자를 제거했지만, ES2019에서 개정되어 해당 문자열에는 주석 등도 포함된다.

```
function sum(a, b) {
  // 합계를 구하는 함수
```

```
  return a + b;
}

console.log(sum.toString());
// function sum(a, b) {
//    // 합계를 구하는 함수
//    return a + b;
// }
```

21.6 Symbol.prototype.description

심벌 객체의 description은 해당 심벌 객체의 설명을 반환한다.

```
const me = Symbol("Alberto");
me.description;
// "Alberto"

me.toString();
// "Symbol(Alberto)"
```

Quiz

21.1 ES2019에 도입된 새로운 Array 메서드를 사용하여, 한 줄의 코드로 다음 다차원 배열을 1차원 배열로 변환하라.

```
const letters = ['a', 'b', ['c', 'd', ['e', 'f']]];
// 기대 출력: ['a', 'b', 'c', 'd', 'e', 'f']
```

21.2 ES2019의 새로운 기능을 사용하여 다음 배열을 객체로 변환하라.

```
const keyValueArray = [
  ['key1', 'value1'],
  ['key2', 'value2'],
];

// 기대 출력: {key1: "value1", key2: "value2"}
```

21.3 다음 코드의 올바른 출력은?

```
const me = Symbol("Alberto");
console.log(me.description);
```

① Symbol

② Symbol(Alberto)

③ "Alberto"

④ undefined

21.4 다음 코드의 올바른 출력은?

```
const letters = ['a', 'b', ['c', 'd', ['e', 'f']]];
console.log(letters.flat());
```

① ['a', 'b', ['c', 'd', ['e', 'f']]]

② ['a', 'b', 'c', 'd', 'e', 'f']

③ ['a', 'b', 'c', 'd', ['e', 'f']]

④ ['a', 'b', ['c', 'd', 'e', 'f']]

21.5 다음 코드의 올바른 출력은?

```
function sum(a, b) { return a + b; }

console.log(sum.toString());
```

① Function

② "a + b"

③ sum

④ function sum(a, b) { return a + b; }

CHAPTER 22

ES2020의 새로운 기능

ES2020에는 새롭고 흥미로운 변경 사항이 많이 포함되어 있다.

현재 모든 브라우저가 이러한 기능을 지원하는 것은 아니므로 최신 버전의 크롬 또는 파이어폭스를 사용하여 예제를 테스트하는 것이 좋다. 해당 기능이 지원되지 않는 프로젝트에서 사용하려면 바벨Babel 같은 컴파일러가 필요하다. 바벨 같은 컴파일러를 사용하면 버전 7.8부터 이미 기본적으로 ES2020을 지원하므로 그 밖의 플러그인을 사용할 필요는 없다.

22.1 BigInt

BigInt에 대한 지원은 자바스크립트에서 매우 큰 정수를 저장할 수 있음을 의미한다. 현재 정수의 최댓값은 $2^{53}-1$이며 Number.MAX_SAFE_INTEGER를 사용하여 얻을 수 있다. 그렇다고 더 큰 정수를 저장할 수 없다는 의미는 아니지만 자바스크립트는 이를 제대로 처리하지 못한다.

```
let num = Number.MAX_SAFE_INTEGER
// 9007199254740991
num + 1;
// 9007199254740992
num + 2;
// 9007199254740992
num + 3;
// 9007199254740994
num + 4;
// 9007199254740996
```

보다시피 자바스크립트가 처리할 수 있는 최댓값에 도달하면 제대로 된 결과가 나오지 않기 시작한다.

BigInt를 사용하려면 BigInt 생성자를 사용하거나 큰 정수 뒤에 n을 붙이면 된다.

```
// let bigInt = BigInt(99999999999999999);
```

```
let bigInt = 99999999999999999n;
bigInt + 1n;
// 100000000000000000n
```

BigInt에 1을 더하려면 먼저 parseInt(bigInt, 1)을 사용하여 BigInt를 Int로 변경해야 한다. 이 예시에서는 이 번거로움을 피하기 위해 1을 더하는 대신 1n을 더했다.

22.2 동적으로 가져오기

ES2020부터는 필요할 때 모듈을 동적으로 가져올 수 있다. 다음 예를 살펴보자.

```
if (condition1 && condition2) {
    const module = await import('./path/to/module.js');
    module.doSomething();
}
```

이 코드처럼 런타임에서 모듈이 필요한지 여부를 판단해서, 필요한 경우에만 async/await를 사용하여 해당 모듈을 가져오는 게 가능해졌다.

22.3 옵셔널 체이닝

사용자를 나타내는 간단한 객체를 예로 살펴보자.

```
const user1 = {
  name: 'Alberto',
  age: 27,
  work: {
    title: 'software developer',
    location: 'Vietnam',
  },
```

```
};

const user2 = {
  name: 'Tom',
  age: 27,
};
```

이런 예에서 사용자의 직함title에 접근하고 싶다고 가정해보자. 예제에서 work는 user 객체의 선택적 속성[1]이므로 예전에는 다음과 같이 작성해야 했다.

```
let jobTitle;
if (user.work) {
  jobTitle = user.work.title;
}
```

혹은 다음과 같이 삼항 연산자를 사용하는 방법도 있다.

```
const jobTitle = user.work ? user.work.title : '';
```

즉 work의 title 속성에 접근하기 전에 user 객체가 실제로 work 속성을 가지고 있는지 확인해야 했다는 뜻이다.

단순한 객체를 다룰 때는 그렇게 큰 문제가 아니지만, 접근하려는 속성이 깊게 중첩되어 있는 객체의 경우에는 코드가 많이 복잡해진다.

이때 **옵셔널 체이닝**optional chaining 연산자인 ?.을 사용하면 간결하게 코드를 작성할 수 있다. 옵셔널 체이닝을 이용하여 앞의 코드를 다시 작성해보자.

```
const jobTitle = user.work?.title
```

---

1 옮긴이_ user1의 경우 work 속성이 있지만 user2의 경우 work 속성이 없기 때문이다.

훨씬 간결하고 읽기 좋아졌다.

코드를 보면 user 객체가 work 속성의 존재 여부를 묻는 것처럼 읽히고, 존재한
다면 title 속성에 자연스럽게 접근할 수 있다.

```
const user1JobTitle = user1.work?.title;
// software developer
const user2JobTtile = user2.work?.title;
// undefined
```

객체에서 사용할 수 없는 속성에 도달하면 연산자는 undefined를 반환한다.

다음과 같이 두 사용자의 학교 기록 등 선택적 속성이 깊게 중첩되어 있는 객체를
다룬다고 가정해보자.

```
const elon = {
  name: 'Elon Musk',
  education: {
    primary_school: { /* 초등학교 관련 데이터 */ },
    middle_school: { /* 중학교 관련 데이터 */ },
    high_school: { /* 고등학교 관련 데이터 */ },
    university: {
      name: 'University of Pennsylvania',
      graduation: {
        year: 1995,
      },
    },
  },
};

const mark = {
  name: 'Mark Zuckerberg',
  education: {
    primary_school: { /* 초등학교 관련 데이터 */ },
    middle_school: { /* 중학교 관련 데이터 */ },
    high_school: { /* 고등학교 관련 데이터 */ },
    university: {
```

```
      name: 'Harvard University',
    },
  },
};
```

모든 사용자가 대학에서 공부한 것은 아니기 때문에 university 속성은 선택 사항이 될 것이며, 일부는 학업을 중간에 중단할 수도 있기 때문에 graduation 속성도 마찬가지로 선택 사항이다.

두 사용자의 졸업 연도에 접근하고 싶다면 어떻게 코드를 작성해야 할까? 옵셔널 체이닝 연산자가 없다면 다음과 같이 작성해야 한다.

```
let graduationYear;
if (
  user.education.university &&
  user.education.university.graduation &&
  user.education.university.graduation.year) {
  graduationYear = user.education.university.graduation.year;
}
```

옵셔널 체이닝 연산자를 사용하면 다음과 같이 간단하게 표현이 가능하다.

```
const elonGraduationYear = elon.education.university?.graduation?.year;
// 1995
const markGraduationYear = mark.education.university?.graduation?.year;
// undefined
```

22.4 Promise.allSettled()

ES6에서는 주어진 모든 프로미스가 성공할 때까지 기다릴 수 있는 Promise. all()이 추가되었다. ES2020에 도입된 Promise.allSettled()는 한 단계 더 나아가 성공/실패 여부와 무관하게[2] 모든 프로미스들이 완료될 때까지 기다렸다 가 각각의 결과를 설명하는 객체 배열을 반환한다.

이를 통해서 어떤 프로미스가 실패했는지 쉽게 알 수 있다.

```
const arrayOfPromises = [
    new Promise((res, rej) => setTimeout(res, 1000)),
    new Promise((res, rej) => setTimeout(rej, 1000)),
    new Promise((res, rej) => setTimeout(res, 1000)),
];

Promise.allSettled(arrayOfPromises).then(data => console.log(data));

// [
//   {status: "fulfilled", value: undefined},
//   {status: "rejected", reason: undefined},
//   {status: "fulfilled", value: undefined},
// ]
```

Promise.allSettled()는 각각의 상태를 반환하는 것을 알 수 있으며, 이 중 두 번째 프로미스는 실패한 것을 알 수 있다.

22.5 null 계열의 값을 병합하기

거짓 값과 null 계열의[nullish] 값(null 또는 undefined)은 때때로 비슷할 수 있지만 엄연히 서로 다른 값이다. 새로 도입된 연산자를 사용하면 null 계열의 값과 거짓 값을 서로 구분할 수 있다.

---

2 옮긴이_ Promise.all()의 경우에는 주어진 프로미스들 중 하나라도 실패하면 전체가 실패로 처리된다.

먼저 거짓 값에 대한 복습으로 다음 예제를 살펴보자.

```javascript
// !! 연산자를 사용해 다양한 자료형의 값을 Boolean으로 변환
const str = "";
console.log(!!str);
// false
const num = 0;
console.log(!!num);
// false
const n = null;
console.log(!!n);
// false
const u = undefined;
console.log(!!u);
// false
```

모든 출력 값이 거짓으로 나왔다. 이런 경우 빈 문자열과 undefined를 구별하고 싶다면 **null 병합 연산자**^{nullish coalescing operator}(??)가 유용하다.[3]

null 병합 연산자는 왼쪽 피연산자가 null 계열의 값인 경우 오른쪽 피연산자를 반환한다.

```javascript
const x = '' ?? 'empty string';
console.log(x);
// ''
const num = 0 ?? 'zero';
console.log(num);
// 0
const n = null ?? "it's null";
console.log(n);
// it's null
const u = undefined ?? "it's undefined";
console.log(u);
// it's undefined
```

---

3 옮긴이_ null 또는 undefined일 가능성이 있는 값에 접근할 때 null 병합 연산자를 사용하여 기본값을 지정해주면 해당 값이 항상 존재한다고 가정할 수 있기 때문에 명확하고 간결한 코드를 작성하는 데 도움이 된다.

이 예제를 보면 처음 두 예시의 값은 null이 아니라 거짓이므로 연산자가 오른쪽 값을 반환하지 않았다.

22.6 String.prototype.matchAll()

matchAll() 메서드는 지정된 정규식에 대해 문자열과 일치하는 모든 결과의 반복자를 반환하는 새로운 메서드이다.

```
// 'a'에서 'd' 사이에 있는 문자를 매칭하기 위한 정규식
const regEx = /[a-d]/g;
const str = "Lorem ipsum dolor sit amet";
const regExIterator = str.matchAll(regEx);

console.log(Array.from(regExIterator));
// [
//   ["d", index: 12, input: "Lorem ipsum dolor sit amet", groups: un-
defined]
//   ["a", index: 22, input: "Lorem ipsum dolor sit amet", groups: un-
defined]
// ]
```

위 예제에서는 주어진 문자열에 대해 matchAll() 메서드를 이용하여 a에서 d 범위의 문자에 대해 매칭을 진행했고 두 개의 결과를 얻었다.

22.7 모듈 네임스페이스 export 문법

ES2020 이전에도 다음과 같이 import를 할 수는 있었다.

```
import * as stuff from './test.mjs';
```

ES2020부터는 export 시에도 동일하게 할 수 있다.

```
export * as stuff from './test.mjs';
```

이 코드는 다음 코드와 동일한 역할을 수행한다.

```
export { stuff };
```

대단한 기능은 아니지만 import와 export 문법을 대칭적으로 사용할 수 있게 됐다는 점에 의미가 있다.

22.8 import.meta

import.meta 객체는 URL 등 모듈에 대한 정보를 노출한다.

```
<script type="module" src="test.js"></script>
console.log(import.meta); // {url: "file:///home/user/test.js"}
```

객체에 포함된 URL은 인라인^{inline} 스크립트의 문서 주소일 수도 있고 외부 스크립트를 가져온 URL일 수도 있다.

22.9 globalThis

자바스크립트에서 ES2020 이전에는 전역 객체(this)에 접근하는 표준화된 방식이 없었다. 즉, 브라우저에서는 window, Node 환경에서는 global, 웹 워커의 경우 self를 사용해서 전역 객체를 참조했다.

이 때문에 런타임에서 현재 환경을 수동으로 감지하여 전역 객체에 접근하는 적절한 방법을 사용해야 했다.

ES2020부터는 어떤 환경에서든 항상 전역 객체를 참조하는 globalThis를 사용할 수 있다. 브라우저에서는 전역 객체에 직접 접근할 수 없기 때문에 globalThis가 전역 객체의 프록시를 참조하게 된다.

새로운 globalThis를 사용하면 애플리케이션이 실행되는 환경에 따라 전역 객체에 접근하는 방식이 다른 것에 대해 더 이상 걱정할 필요가 없다.

Quiz

22.1 다음 코드의 올바른 출력은?

```
let bigInt = 99999999999999999;
console.log(bigInt + 1n);
```

① 100000000000000000n

② 99999999999999999

③ Uncaught TypeError: Cannot mix BigInt and other types, use explicit conversions

④ 100000000000000000

22.2 다음 코드의 올바른 출력은?

```
const user = {
  name: 'Alberto',
  age: 27,
  work: {
    title: 'software developer',
  },
```

```
};

const res = user?.work?.location ? user?.work?.location : user?.
work?.title;

console.log(res);
```

① location

② title

③ 'software developer'

④ undefined

22.3 다음 코드의 올바른 출력은?

```
const x = 0;

const res = x ?? 'zero';
console.log(res);
```

① 0

② 'zero'

③ undefined

④ null

22.4 다음 코드의 올바른 출력은?

```
const x = undefined;

const res = x ?? 'undefined value';
console.log(res);
```

① 'undefined value'

② false

③ undefined

④ null

22.5 브라우저 환경에서 globalThis 객체가 참조하는 것은?

① window

② document

③ global

④ self

CHAPTER 23

타입스크립트 기초

최신 자바스크립트에 어떤 기능들이 있는지 어느 정도 파악했을 테니, 이제 **타입 스크립트**TypeScript를 소개할 좋은 타이밍인 것 같다.

타입스크립트가 자바스크립트 개발자에게 필수적인 기술은 아니지만, 대규모 프로젝트에서 팀으로 작업하는 경우 매우 유용하다고 할 수 있다.

이미 알고 있듯이 자바스크립트는 **강타입 언어**가 아니므로 변수 선언 시 자료형을 정의할 필요가 없다.

이 때문에 더 유연하고 다른 자료형의 값도 수용할 수 있는 반면, 코드가 더 혼란스러워지고 버그가 발생하기도 쉬워진다.

다음 예제를 살펴보자.

```
function getUserByID(userID) {
    // 사용자 id를 이용하여 사용자 정보 조회 api를 호출
}
```

userID는 정수일까, 문자열일까? 정수라고 가정할 수 있지만 문자열(예: 'A123')일 수도 있다.

그 코드를 일부라도 작성하지 않는 한, 인수의 자료형이 무엇인지 알 방법이 없다.

하지만 타입스크립트를 사용한다면 동일한 코드를 다음과 같이 작성할 수 있다.

```
function getUserByID(userID: number) {
    // 사용자 id를 이용하여 사용자 정보 조회 api를 호출
}
```

완벽하다! 이 코드에서는 자바스크립트와는 달리 인수가 숫자 자료형인 것을 알수 있고, 문자열을 전달하면 오류가 발생하게 된다.

간단히 자료형을 명시하는 것만으로 코드가 더 명확해졌다.

23.1 타입스크립트란?

불과 몇 년 전에 마이크로소프트에서 만든 타입스크립트는 자료형을 명시하는 방식을 지원하고 일반 자바스크립트로 컴파일된다. 자료형이 있는 자바스크립트 상위집합superset이라고 볼 수 있다.

상위집합이라는 뜻은 타입스크립트 파일에 일반 자바스크립트를 작성해도 되며 오류가 발생하지 않음을 의미한다.

브라우저는 타입스크립트를 이해하지 못하기 때문에 일반 자바스크립트로 트랜스파일transpile해야 한다.

이제 타입스크립트를 작성하기 위한 환경을 설정해보자.

23.2 타입스크립트 사용 방법

타입스크립트를 시작하는 데는 5분이면 충분하다.

가장 먼저 할 일은 타입스크립트를 설치하는 것이다. 터미널에서 다음 명령을 실행하자.

```
npm install -g typescript
```

다음으로 코드 편집기를 열고 greeter.ts(.js 아님)라는 파일을 만들어보자.

```
const greeter = (name: string) => {
  console.log(`hello ${name}`);
}
greeter('Alberto');
// hello Alberto
```

타입스크립트 파일로부터 자바스크립트 파일을 생성하려면 해당 파일과 같은 디렉터리의 터미널에서 다음 명령을 실행한다.

```
tsc greeter.ts
```

위 명령의 결과로 greeter.js 파일이 생성될 것이다. 열어보면 내용은 다음과 같을 것이다.

```
var greeter = function(name) {
    console.log("hello " + name);
};
greeter('Alberto');
// hello Alberto
```

name: string 코드는 트랜스파일 후에 어떻게 변했을까? 자바스크립트는 강타입 언어가 아니므로 트랜스파일 과정에서 자료형 선언이 제거된 것을 볼 수 있다.

이렇게 자료형을 명시하면 디버그하고 오류를 줄이는 데 도움이 된다. 또한 최종적으로는 동일한 자바스크립트 코드가 생성됨을 알 수 있다.

23.3 타입스크립트 기본 자료형

이번 절에서는 타입스크립트에서 지원하는 기본 자료형에 대해 설명한다. 자바스크립트 기초 부분을 읽었다면 이미 대부분의 의미를 알고 있을 것이다.

타입스크립트에서 지원하는 기본 자료형은 다음과 같다.

- boolean
- number
- string

- Array

- object

- 튜플

- enum

- any

- void

- null과 undefined

- never

하나씩 간단히 살펴보겠다.

boolean

true 또는 false가 될 수 있는 값을 정의한다.

```
const active: boolean = true;
```

number

number 자료형은 자바스크립트와 마찬가지로 10진, 16진, 2진, 8진 리터럴을 지원한다.

```
const decimal: number = 9;
const hex: number = 0xf00d;
const binary: number = 0b1010;
const octal: number = 0o744;
```

string

string 자료형은 텍스트 형태의 데이터를 저장하는 데 사용된다.

```
const message: string = 'Welcome";
```

Array

Array 자료형을 정의하는 방법에는 두 가지가 있다.

```
// 첫 번째 방법 -> type[]
const firstArray: number[] = [1, 2, 3];

// 두 번째 방법 -> Array<type>
const secondArray: Array<number> = [4, 5, 6];
```

이런 간단한 경우에는 두 가지 방법이 차이가 없지만 다음 예제처럼 숫자 자료형
보다 더 복잡한 자료형이 사용될 경우 경우 첫 번째 표기법은 사용할 수 없다.

```
// label, value 속성을 가진 객체의 배열을 인수로 받는 함수
function example(arg: Array<{label: string, value: string}>) {
    // 뭔가 작업을 수행
}
```

Array<{label: string, value: string}>은 인수가 label과 value 속성(둘
다 string 자료형)을 가진 객체의 배열임을 의미한다.

object

타입스크립트의 객체 object(소문자 o)는 원시 자료형이 아닌 모든 자료형 값을 가리킨다.[1] 여러 속성을 포함할 수 있으며 속성 값은 원시 자료형, 객체, 함수 등이 될 수 있다.

어떤 함수의 인수가 객체 자료형을 받는다고 가정해보자.

```
function greetUser(user: object) {
  // name 속성이 object 자료형에는 정의되어 있지 않음
  console.log(`hello ${user.name}`);
}
greetUser({name: 'Alberto', age: 27});
```

타입스크립트 컴파일러는 접근하려는 속성 이름이 object 자료형에 존재하지 않는다고 오류를 발생시킨다. 이 문제를 해결하기 위해 해당 객체의 속성을 더 자세히 정의해보자.

```
function greetUser(user: {name: string, age: number}) {
  console.log(`hello ${user.name}`);
}
greetUser({name: 'Alberto', age: 27});
// hello Alberto
```

객체의 모든 속성을 명시적으로 지정한 덕분에 코드를 보는 모든 사람이 해당 객체로 무엇을 할 수 있고 무엇을 할 수 없는지 쉽게 알 수 있다.

튜플

튜플tuple을 사용하면 배열의 원소에 자료형을 정의할 수 있다.

---

[1] 옮긴이_ 타입스크립트에서 Object(대문자 O)는 자바스크립트 Object 클래스를 나타내는 자료형이다. 이외에도 대소문자에 따라 의미가 다른 자료형이 있지만 이 책에서 자세히 다루지는 않는다.

```
let myTuple: [string, number, string];
myTuple = ['hi', 5, 'hello'];

console.log(myTuple);
// ['hi', 5, 'hello']
```

타입스크립트는 튜플에 정의된 인덱스의 자료형은 알고 있지만, 배열에 새롭게 추가되는 원소의 자료형을 알 수는 없다.

enum

열거형 enum을 이용하면 숫자 집합에 이름을 부여할 수 있다.

```
enum Status {deleted, pending, active};

const blogPostStatus: Status = Status.active;

console.log(blogPostStatus);
// 2
```

열거형 내부의 값은 0부터 시작하므로 deleted의 값은 0, pending은 1, active는 2이다.

이러한 코드에서는 블로그 게시물의 상태를 표현할 때 2가 아닌 active라고 말하는 것이 훨씬 더 가독성이 좋다.

다음과 같이 시작 값을 지정하여 열거 자료형의 숫자를 원하는 값부터 할당할 수도 있다.

```
enum Status {deleted = -1, pending, active};

const blogPostStatus: Status = Status.active;

console.log(blogPostStatus);
// 1
```

이렇게 하면 delete는 −1, pending는 0, active는 1이 된다.

물론 숫자를 이용하여 열거 자료형의 값에 접근할 수도 있다.

```
enum Status {deleted = -1, pending, active};
console.log(Status[0]);
// pending
```

any

이름에서 알 수 있듯이 any는 특정 변수의 값이 무엇이든 될 수 있음을 의미한다. 서드 파티 라이브러리가 타입스크립트를 지원하지 않는 경우, 또는 자바스크립트에서 기존 코드들을 활용하면서 부분적으로 타입스크립트를 적용할 때 사용할 수 있다.

any는 존재하지 않을 수 있는 속성과 메서드에 접근할 수 있도록 허용한다.

자료형의 일부만 알고 있는 경우에도 any를 사용할 수 있다.

```
let firstUser: Object<any> = {
  name: 'Alberto',
  age: 27,
};

let secondUser: Object<any> = {
  name: 'Caroline',
};
```

두 변수 모두 object 자료형이 될 것으로 예상되지만, 그 속성이 확실하지 않으므로 any를 사용했다.

void

이름에서 알 수 있듯이 void는 자료형이 없음을 정의한다.

다음과 같은 시나리오에서 자주 사용된다.

```
function storeValueInDatabase(objectToStore): void {
  // 데이터베이스에 값을 저장
}
```

이 함수는 객체를 받아서 데이터베이스에 저장하지만 아무것도 반환하지 않기 때문에 반환값을 void로 지정했다.

void 자료형의 변수를 선언할 때는 null과 undefined만 할당 가능하다.

null과 undefined

void와 마찬가지로, null 또는 undefined 자료형의 변수를 만드는 것은 그다지 유용하지 않다. null 및 undefined 값만 할당할 수 있기 때문이다.

뒤에서 유니언[union] 자료형에 대해 이야기할 때 이 두 자료형을 어떻게 사용하는지 다시 살펴보자.

never

never는 절대 발생하지 않는 값이다. 예를 들어 반환을 아예 하지 않거나 항상 오류를 발생시키는 함수에 사용할 수 있다.

```
function throwError(error: string): never {
  throw new Error(error) ;
}
```

이 함수는 오류만 발생시키며 값을 반환하지 않는다.

23.4 인터페이스와 클래스

인터페이스

앞 장의 예제에서 다음과 같이 자료형을 설정한 적이 있다.

```
Array<{label: string, value: string}>
```

하지만 변수의 형태가 훨씬 더 복잡해서 여러 곳에서 재사용해야 한다면 어떨까?

인터페이스interface를 사용하면 해당 변수가 가져야 하는 형태를 정의할 수 있다.

```
interface Car {
  wheels: number;
  color: string;
  brand: string;
}
```

인터페이스는 객체가 아니라는 점에 주의하자. 인터페이스는 속성의 각 행 끝에 , 가 아닌 ; 을 사용한다.

다음과 같이 선택적 속성optional property을 설정할 수도 있다.

```
interface Car {
  wheels: number;
  color: string;
  brand: string;
  coupe?: boolean;
}
```

속성을 선택적 속성으로 만들기 위해서는 속성 이름 뒤에 ?를 붙이면 된다. 이렇게 하면 해당 속성 없이 새로운 **Car** 객체를 생성해도 타입스크립트는 오류를 발생시키지 않는다.

readonly 키워드를 사용하여 객체 생성 후 특정 속성을 편집할 수 없도록 하는 것도 가능하다.

```
interface Car {
  readonly wheels: number;
  color: string;
  brand: string;
  coupe?: boolean;
}
```

이렇게 Car 객체를 생성하면서 바퀴 수를 설정하고, 생성된 이후에는 변경할 수 없게 할 수 있다.

인터페이스를 사용하여 객체뿐만 아니라 함수의 형태도 정의할 수 있다.

```
interface Greet {
  (greeting: string, name: string): string
}

let greetingFunction: Greet;

greetingFunction = (greeting: string, name: string): string => {
  console.log(`${greeting} ${name}`);
  return `${greeting} ${name}`;
}
greetingFunction('Bye', 'Alberto');
```

함수가 가져야 할 형태를 인터페이스로 만든 후, 해당 인터페이스를 자료형으로 가지는 변수를 정의한다. 그 변수에 정해진 형태의 함수를 만들어 할당하면 된다.

다른 형태의 함수를 해당 변수에 할당하면 오류가 발생할 것이다.

인터페이스 확장

인터페이스는 다른 인터페이스를 상속받을 수 있다.

```
interface Vehicle {
  wheels: number;
  color: string;
}

interface Airplane extends Vehicle {
  wings: number;
  rotors: number;
}
```

이 예에서 Airplane 인터페이스는 새롭게 정의된 두 가지 속성뿐 아니라 상속된 두 가지 속성을 포함하여 총 네 가지 속성을 가진다.

클래스

타입스크립트에서 클래스는 ES6의 클래스와 매우 유사하다. 프로토타입 상속을 수행하여 애플리케이션에서 재사용할 수 있는 구성 요소를 만들 수 있다.

다음과 같은 형태로 클래스를 작성할 수 있다.

```
class Animal {
  eat = () => {
    console.log('gnam gnam');
  };
  sleep = () => {
    console.log('zzzz');
  };
}

class Human extends Animal {
  work = () => {
    console.log('zzzzzzz');
```

```
    };
}
const me = new Human();
me.work();
// zzzzzzz
me.eat();
// gnam gnam
me.sleep()
// zzzz
```

두 개의 클래스를 만들었으며, 두 번째 클래스는 첫 번째 클래스에서 두 가지 메
서드를 상속받는다.

ES6 클래스와의 차이점은 타입스크립트를 사용하면 애플리케이션에서 클래스 멤
버에 접근하는 권한을 설정할 수 있다는 점이다.

어디서나 접근할 수 있도록 하려면 public 키워드를 사용한다.

```
class Animal {
  public eat = () => {
    console.log('gnam gnam');
  };
  public sleep = () => {
    console.log('zzzz')
  };
}

const dog = new Animal();
dog.eat();
// gnam gnam
```

자바스크립트에서 모든 클래스 멤버는 공개되기 때문에 접근을 제한할 수 없다.

하지만 타입스크립트는 멤버를 비공개로 지정하여 클래스 외부에서 접근할 수 없
게 할 수 있다.[2]

---

2 옮긴이_ 타입스크립트로 코드를 작성할 때는 접근할 수 없게 막을 수 있지만, 해당 타입스크립트 코드가 트랜스파일되어 생성된
   자바스크립트 코드에서까지 접근을 막을 수는 없다.

```
class Animal {
  public eat = () => {
    console.log('gnam gnam');
  };
  public sleep = () => {
    console.log('zzzz');
  };
}

class Human extends Animal {
  private work = () => {
    console.log('zzzzzzz');
  };
}

const me = new Human();
me.work();
// Property 'work' is private and only accessible within class 'Human'
```

또한 멤버에 protected 키워드를 적용하면 해당 클래스와 클래스를 상속받은 클래스 내에서만 접근할 수 있다.

```
class Human {
  protected work = () => {
    console.log('zzzzzzz');
  };
}

class Adult extends Human {
  public doWork = () => {
    console.log(this.work);
  };
}
```

위 예에서 Adult 클래스는 Human 클래스를 확장하므로 protected 메서드에 접근할 수 있다.

23.5 유니언 자료형과 인터섹션 자료형

타입스크립트로 기본 자료형을 정의하는 방법을 살펴봤으므로 이제 더 발전된 자료형에 대해 살펴보자.

유니언 자료형

```
const attendee = string | string[];
```

이 변수는 문자열일 수도 있고, 문자열 배열일 수도 있다. 이렇게 정의하는 방식을 **유니언 자료형**union type이라고 한다.

다른 예를 들면 다음과 같다.

```
const identifier = string | number | string[];
```

파이프(|) 기호를 사용하여 각 자료형을 구분한다.

모든 자료형의 유니언의 공통 속성에만 접근할 수 있음을 기억하자.

```
interface Kid {
  age:number;
}
interface Adult {
  age: number;
  job: string;
}

function person(): Kid | Adult {
  return {age: 27};
}

const me = person();
me.age // ok
```

```
me.job // error
```

job 속성은 Adult 인터페이스에만 존재하고 Kid 인터페이스에는 존재하지 않으므로, 둘의 유니언 자료형에서는 접근할 수 없다.

인터섹션 자료형

인터섹션 자료형intersection type을 사용하면 여러 자료형을 결합할 수 있다. 다음 예제에서 사용 방법을 살펴보자.

```
interface Person {
  sex: 'male' | 'female' | 'N/A';
  age: number;
}

interface Employee {
  job: string;
}

type Adult = Person & Employee;

const me: Adult = {
  sex: 'male',
  age: 27,
  job: 'software developer',
};
console.log(me);
// {sex: 'male', age: 27, job: 'software developer'}
```

이 예에서는 Person과 Worker라는 두 가지 자료형이 있을 때 이 둘을 결합하여 Adult 자료형을 만들었다.

두 인터페이스가 각각 자료형은 다르지만 동일한 이름의 속성을 가지고 있으면 두 인터페이스를 결합할 때 컴파일러에서 오류가 발생하므로 주의하자.

마치며

이번 절에서는 자바스크립트로 작업할 때, 특히 다른 사람들과 함께 작업할 때 타입스크립트가 유용한 도구가 될 수 있는 이유를 설명했다.

이제 남은 일은 간단한 프로젝트 작업을 시작하고 타입스크립트에 익숙해지는 것이다.

처음에는 변수에 자료형을 입력해야 하는 것이 번거로울 수 있지만, 프로젝트가 성장하고 더 복잡해지면 타입스크립트가 얼마나 유익한지 알게 될 것이다. 특히 다른 작업을 한참 진행하다가 기억이 잘 나지 않는 예전 프로젝트의 코드를 다시 작성할 때 더 큰 효용을 느낄 수 있다.

타입스크립트에 관한 더 자세한 내용은 다음 공식 문서를 통해서 얻을 수 있다.

- *https://www.typescriptlang.org/docs/*

Quiz

23.1 다음 중 타입스크립트의 기본 자료형이 아닌 것은?

① 튜플

② void

③ enum

④ every

23.2 다음 변수의 올바른 자료형은?

```
const x = 0xf00d;
```

① string

② void

③ hex

④ number

23.3 다음 중 자료형을 잘못 정의한 것은?

① const firstArray: number[] = [1, 2, 3];

② const firstArray: Array<number> = [1, 2, 3];

③ const firstArray: number<Array> = [1, 2, 3];

23.4 다음 코드의 올바른 출력은?

```
enum Rank {first, second, third};

const myRank: Rank = Rank.second;
console.log(myRank);
```

① "second"

② {second: 1}

③ 2

④ 1

23.5 인터페이스를 정의하는 올바른 방법은?

① interface Car = {wheels: number}

② interface Car {wheels = number}

③ interface Car {wheels: number}

④ interface Car = {wheels = number}

감사의 말

여기까지 읽어주셔서 진심으로 감사를 드립니다. 이것은 필자의 첫 번째 책으로, 누군가가 이 책을 끝까지 읽어주셨다는 사실이 너무 기쁩니다.

이 책이 도움이 되었기를 바라며, 제가 작성한 웹 개발에 대한 글이 올라오는 제 블로그(*https://inspiredwebdev.com*)나 DevTo 페이지(*https://dev.to/albertomontalesi*)를 팔로우해주시면 감사하겠습니다.

독자 여러분의 시간과 성원에 감사드립니다.

오류를 수정하고 책의 품질을 개선할 수 있도록 이슈를 작성하고 풀 리퀘스트를 올려주신 모든 깃허브 사용자께 특별히 감사드립니다.

퀴즈 정답과 해설

0.1 ③ var important! = "important!";

변수 이름은 문장부호를 포함할 수 없다.

0.2 ④ Object

0.3 ③ const car = {color: "red"};

0.4 ③ false

0.5 ④ ["melon", "apple", "banana", "orange"]

1.1 ② Good morning

1.2 ② 2

1.3 ② 100

1.4 ② ReferenceError

2.1 ② b

화살표 함수의 올바른 문법은 =>이다.

2.2 ① 10

화살표 함수 내에서 **this** 키워드는 상위 스코프(브라우저의 경우 window)에서 상속되므로 **age**는 10으로 유지된다.

2.3

```
(arg) => {
  console.log(arg);
}
```

3.1

```
function calculatePrice(total, tax = 0.1, tip = 0.05) {
  // tax 또는 tip 인수가 주어지지 않은 경우 기본값인 0.1과 0.05가
사용됨
  return total + (total * tax) + (total * tip);
}
```

3.2 ③ 10

4.1 `let result = ` `` `${a} ${c} ${d} ${b} ${e}` ``;

4.2

```
let result = `${a} ${c} ${b} ${e} ${d}`;
console.log(result);
// 1 plus 2 equals 3
```

4.3

```
console.log(`this is a very long text
a very long text`);

// this is a very long text
// a very long text
```

5.1 ① true

3글자 후부터 확인을 시작한다.

5.2 ② false

endsWith()는 대소문자를 구분한다.

5.3

```
let batman = `${str.repeat(8)} ${bat}`;
console.log(batman);
// "NaNaNaNaNaNaNaNa BatMan"
```

6.1

```
let hungry = "yes";
let full = "no";

[hungry, full] = [full, hungry];
console.log(hungry);
// no
console.log(full);
// yes
```

6.2

```
let arr = ["one", "two", "three"];
// 풀이:
let [one, two, three] = arr;

console.log(one);
// "one"
console.log(two);
// "two"
console.log(three);
// "three"
```

7.1 ② for of

7.2 ③ Tom Jerry Mickey

8.1

```
Array.from(apple);
```

8.2 ④ 4

Array.find()는 조건과 일치하는 첫 번째 원소를 반환한다.

8.3 ④ true

Array.some()은 하나의 원소라도 주어진 조건과 일치하면 true를 반환한다.

8.4 ② [1,4,9]

전달한 map 함수는 배열의 각 값 x에 대해 x * x를 반환한다.

9.1 ③ [...]

9.2

```
const menu = [...veggie, "pasta", ...meat];
```

9.3

```
const [first, second, ...losers] = runners;
console.log(...losers);
```

레스트 연산자를 사용하여 처음 두 개 이후에 남아 있는 모든 값을 가져온다.

9.4 ③ [1, 2, 3, 4, 5]

10장

10.1

```
const animal = {
  name,
  age,
  breed,
};
```

10.2 ② "Alberto"

10.3 ③ color is not defined

변수 이름과 속성 이름이 일치하지 않기 때문에 color 대신 color: favoriteColor라고 작성해야 한다.

11장

11.1 ③ 원시 자료형

심벌은 ES6에 도입된 새로운 원시 자료형이다.

11.2 ③ 심벌은 항상 고유하다.

11.3 ④ Tom Jim

두 번째로 "Tom"을 할당했을 때 심벌을 사용하지 않았기 때문에 첫 번째 "Tom"을 덮어 썼다.

11.4 ① Symbol(Tom) Symbol(Jane) Symbol(Tom)

이번에는 심벌에 저장했으므로 이름 충돌이 방지되어 고유하게 유지되었다. 따라서 세 가지 이름을 모두 얻게 된다.

12장

12.1 ② 프로토타입 상속을 수행하기 위한 문법적 설탕

클래스는 기본적으로 자바스크립트의 기존 프로토타입 기반 상속에 대한 문법적 설탕이다. 클래스 문법이 자바스크립트에 새로운 객체 지향 상속 모델을 도입하는 것은 아니다.

12.2 ① const person = class Person {...}

③ class Person {...}

①과 ③이 모두 맞는다. 첫 번째는 클래스 표현식이고 두 번째는 클래스 선언이다.

12.3 ③ 클래스 자체로 접근할 수 있는 메서드

정적 메서드는 클래스 자체에서만 접근할 수 있는 메서드이다.

12.4 ③ ReferenceError: Must call super constructor in derived
    class before accessing 'this'

12.5

```
class Adult extends Person {
  constructor(name, age, work) {
    super(name, age);
    this.work = work;
  }
}
```

상속받은 클래스에서 상속한 클래스를 생성하려면 super()를 호출해야 한다.

13장

13.1 ② 비동기 작업의 최종 성공 또는 실패를 나타내는 객체

13.2

```
const myPromise = new Promise((resolve, reject) => {
  resolve();
  console.log("Good job!");
});
```

13.3 ② Promise.some()

13.4 ③ 3, 4

처음 두 개의 .then()은 myPromise가 성공한 경우에만 호출될 수 있는데, 주어진 예시에서는 myPromise가 reject만 호출하기 때문에 항상 실패한다. 따라서 바로 .catch()에 등록한 콜백 함수가 실행되어 콘솔에 3이 출력되는 것을 볼 수 있다. .catch()에 의해 생성된 프로미스와 연결되어 있는 마지막 .then()은 .catch()가 완료되면 호출되므로, 이어서 4가 출력된다.

14.1 ③ function*() {...}

14.2 ④ 실행을 멈추거나 재시작할 수 있다.

14.3 ④ {value: "Pomelo", done: false}

fruits.next()의 마지막 출력은 {value: "Pomelo", done: false}이
다. done이 true가 아닌 false로 설정되었다는 점에 유의하자.

14.4 ④ {value: undefined, done: true }

.return()이 제너레이터를 종료하고 전달한 값을 반환하기 때문에 올바른
출력은 {value: undefined, done: true}이다. 이 경우 .return() 내부
에 아무것도 전달하지 않았기 때문에 value 속성 값은 undefined이다.

15.1 ② 기본 작업에 사용자 지정 동작 정의

MDN 정의를 다시 떠올려보자. 프록시 객체는 기본 작업(예: 속성 조회, 할
당, 열거, 함수 호출 등)에 대해 사용자 지정 동작을 추가로 정의하는 데 사용
된다.

15.2 ② 2

프록시는 handler와 target을 인수로 받는다.

15.3 ③ 프록시의 target 매개변수는 다른 프록시가 될 수 있다.

배열, 함수, 또는 다른 프록시를 비롯하여 모든 종류의 객체가 될 수 있다.

16장

16.1 ③ StrongSet

16.2 ② WeakSet은 객체만 저장할 수 있다.

16.3 ③ Map은 키와 값을 모두 저장하고 Set는 값만 저장한다.

17장

17.1 ③ `Array.prototype.includes()`

17.2 ④ `false`

값 5가 인덱스 2에 존재하지만, 인덱스 4부터 5를 찾기 시작하기 때문에 정답은 `false`이다.

17.3

```
2 ** 2 ** 2;
// 16
```

18장

18.1 ③ `" hello"`

문자열의 길이가 5이기 때문에 padStart(6)는 공백을 1개만 추가한다(6 − 5 = 1).

18.2

```
strings.forEach(str => console.log(str.padStart(16)));
```

18.3 ② Object.keys( )

18.4 ② 10

Atomics.add()는 해당 인덱스의 이전 값을 반환한다.

18.5 ④ 4

Atomics.load()는 해당 인덱스의 값을 반환한다.

19장

19.1 ④ SyntaxError

기억하자. await는 비동기 함수와 비동기 제너레이터 안에서만 유효하다.

19.2 ③ uncaught exception: the value is too big

20장

20.1 ③ {...}

20.2 ② {c: 3, d: 4}

20.3 ① 1

.finally() 이후에 연결된 프로미스는 .finally() 전에 마지막으로 연결된 프로미스의 값을 반환한다.

21장

21.1

```
// 여러 가지 방법으로 가능
letters.flat(2);
// 또는
letters.flat().flat();
// 또는
letters.flat(Infinity);
```

21.2

```
Object.fromEntries(keyValueArray);
```

21.3 ③ "Alberto"

21.4 ③ ['a', 'b', 'c', 'd', ['e', 'f']]

21.5 ④ function sum(a, b) { return a + b; }

22.1 ③ Uncaught TypeError: Cannot mix BigInt and other types,
use explicit conversions

정수를 BigInt와 혼합할 수 없다. 올바른 입력은 99999999999999999n이
어야 한다.

22.2 ③ 'software developer'

22.3 ① 0

22.4 ① 'undefined value'

22.5 ③ global

globalThis는 모든 환경에서 항상 전역 객체를 나타낸다.

23.1 ④ every

23.2 ④ number

23.3 ③ const firstArray: number<Array> = [1, 2, 3];

23.4 ④ 1

23.5 ③ interface Car {wheels: number}

한국어판 부록: ES2021

2015년 이후로 자바스크립트는 매년 그 사양이 업데이트되고 있으며, 그 안에는 새롭고 흥미로운 기능이 포함되어 있다.

ES2021의 출시까지는 아직 시간이 남았지만, 이미 많은 기능이 4단계에 도달하여 사양에 포함될 예정이므로 앞으로 무엇이 나올지 어렵지 않게 예측할 수 있다.[1]

사양을 결정하는 단계에 익숙하지 않은 독자를 위해 설명하자면, 사양의 제안 과정에는 4개의 단계가 있으며 4단계는 제안이 완료된 것으로 표시하는 마지막 단계이다.

개발자에게 새로운 언어 사양에 대한 정보를 숙지하는 일은 매우 중요하다. 이 책은 지난 몇 년 동안의 자바스크립트 업데이트를 다뤘으며, 여기까지 잘 따라왔다면 ES2021 앞 단계까지의 자바스크립트 사양 업데이트와 타입스크립트의 기초에 대해 숙지했다고 볼 수 있다.

이제 ES2021의 새로운 기능들에 대해 알아보자.

String.prototype.replaceAll()

replace()는 문자열의 패턴을 다른 것으로 바꿀 수 있는 유용한 메서드이다. 하지만 정규식(RegEx) 패턴이 아닌 단순 문자열 패턴을 사용할 때는 일치하는 첫 번째 항목만 교체 가능하다. 다음 예를 보자.

```
const str = 'I like my dog, my dog loves me';
const newStr = str.replace('dog', 'cat');
newStr;

// "I like my cat, my dog loves me"
```

---

1 옮긴이_ 자바스크립트의 새로운 사양을 결정하는 단계별 절차에 대해 자세히 알고 싶다면, 다음 링크를 참고하자. *https://tc39.es/process-document/*

replaceAll()은 이름에서 알 수 있듯이 문자열 패턴을 대체할 때 일치하는 모든 패턴을 찾아내서 교체한다. 즉, RegEx를 사용하지 않고도 하위 문자열의 모든 패턴을 쉽게 교체할 수 있다.

```
const str = 'I like my dog, my dog loves me';
const newStr = str.replaceAll('dog', 'cat');
newStr;

// "I like my cat, my cat loves me"
```

자세한 내용은 다음 자바스크립트 명세서를 참고하자.

- *https://tc39.es/proposal-string-replaceall*

Promise.any()

최근 몇 년 동안 프로미스와 관련해서 Promise.all(), ES6의 Promise.race(), ES2020의 Promise.allSettled() 같은 새로운 메서드가 등장했다. ES2021에서는 Promise.any()라는 새로운 메서드가 도입된다.

사실 이미 메서드 이름만으로 그 기능을 예상할 수 있을 것이다.

Promise.any()는 주어진 프로미스 중 하나라도 성공하면 실행이 완료되지만 그렇지 않다면 모든 프로미스가 실패할 때까지 계속된다.

주의할 점은 Promise.race()와 혼동하면 안 된다는 것이다. Promise.race()에서는 주어진 프로미스 중 하나라도 성공하거나 실패하면 전체 프로미스의 실행이 완료된다.

프로미스가 성공했을 때의 동작은 두 메서드가 비슷하지만, 실패했을 때의 동작은 매우 다르다.

Promise.any() 내부의 모든 프로미스가 실패하면, 모든 프로미스의 실패 이유가 포함된 AggregateError(Error의 하위 클래스)가 발생한다.

실제 구현 예는 다음과 같다.

```
// 예제 출처: https://github.com/tc39/proposal-promise-any
Promise.any(promises).then(
  (first) => {
    // 프로미스 중 하나라도 완료된 경우.
  },
  (error) => {
    // 모든 프로미스가 실패한 경우.
  }
);
```

자세한 내용은 다음 자바스크립트 명세서를 참고하자.

- *https://github.com/tc39/proposal-promise-any*

논리 연산자와 할당 표현식

ES2021에서는 루비 언어처럼 논리 연산자(&&, ||, ??)와 할당 표현식(=)을 결합할 수 있다.

ES2020의 내용이 기억나지 않는 독자를 위해 다시 설명하자면 ??는 null 병합 연산자이다. 코드 예제를 살펴보자.

```
const a = null ?? 'test';
// "test"
const b = 0 ?? 'test';
// 0
```

null 병합 연산자는 왼쪽이 null이거나 undefined인 경우 오른쪽 항목을 반환하고, 그렇지 않으면 왼쪽 항목을 반환한다. 첫 번째 예에서는 왼쪽이 null이므로 오른쪽 값을 반환한 반면, 두 번째 예에서는 왼쪽이 null이나 undefined인 것도 아니기 때문에 왼쪽 값을 반환했다.

ES2021로 돌아오면, 자바스크립트에는 이미 다음과 같은 여러 연산자가 존재하고 있었다.

```
let a = 0;
a += 2;
// 2
```

ES2021에 도입된 새로운 제안을 통해 다음과 같은 코드 구현이 가능해졌다.

```
a ||= b;
// a = a || b 와 동일

c &&= d;
// c = c && d 와 동일

e ??= f;
// e = e ?? f 와 동일
```

각각의 의미를 살펴보자.

- a ||= b는 a가 참이면 a를 반환하고, a가 거짓이면 b를 반환한다.
- c &&= d는 c와 d가 모두 참이면 d를 반환하고, 그렇지 않으면 c를 반환한다.
- e ??= f는 e가 null이나 undefined인 경우 f를 반환하고, 그렇지 않으면 e를 반환한다.

자세한 내용은 다음 자바스크립트 명세서를 참고하자.

- *https://github.com/tc39/proposal-logical-assignment*

숫자 구분 기호

ES2021에는 숫자 구분 기호가 도입되었으며, 그 덕분에 큰 숫자의 자릿수 그룹을 구분하는 데에 _(밑줄) 문자를 사용하여 숫자를 더 쉽게 읽을 수 있게 되었다.

코드 예제를 살펴보자.

```
x = 100_000;
// 100,000과 동일

dollar = 55_90;
// 55달러 90센트(5590센트)

fraction = 0.000_1;
// 1/10000
```

자세한 내용은 다음 자바스크립트 명세서를 참고하자.

- *https://github.com/tc39/proposal-numeric-separator*

약한 참조

MDN에 따르면, 객체에 대한 **약한 참조**weak reference란 가비지 콜렉터에서 객체를 회수하는 것을 방지하지 않는 참조이다.

ES2021의 새로운 제안을 통해 **WeakRef** 클래스를 사용하여 객체에 대한 약한 참조를 만들 수 있게 되었다.

자세한 내용은 다음 자바스크립트 명세서를 참고하자.

- *https://github.com/tc39/proposal-weakrefs*

Intl.ListFormat

Intl.ListFormat 객체는 각종 언어별로 목록 서식을 활성화하는 객체의 생성자이다.

예제를 직접 보는 것이 설명보다 쉬울 것이다.

```
const list = ['Apple', 'Orange', 'Banana'];

new Intl.ListFormat('en-GB', { style: 'long', type: 'conjunction'
}).format(list);
// Apple, Orange and Banana

new Intl.ListFormat('en-GB', { style: 'short', type: 'disjunction'
}).format(list);
// Apple, Orange or Banana
```

Intl.ListFormat은 영어에 국한되지 않는다. 몇 가지 다른 언어의 예도 살펴보자.

```
const list = ['Apple', 'Orange', 'Banana'];

// 이탈리아어
console.log(new Intl.ListFormat('it', { style: 'long', type:
'conjunction' }).format(list));
// Apple, Orange e Banana

// 스페인어
console.log(new Intl.ListFormat('es', { style: 'long', type:
'conjunction' }).format(list));
// Apple, Orange y Banana

// 독일어
console.log(new Intl.ListFormat('de', { style: 'long', type:
'conjunction' }).format(list));
// Apple, Orange und Banana
```

꽤 괜찮은 기능 아닌가? 자세한 내용은 다음 자바스크립트 명세서를 참고하자.

- *https://github.com/tc39/proposal-intl-list-format*

Intl.DateTimeFormat의 dateStyle 및 timeStyle 옵션

dateStyle과 timeStyle 옵션을 사용하면 시간대에 따른 날짜 및 시간 서식을 지정할 수 있다.

먼저 **dateStyle**을 사용하는 예시를 보자.

```
// short
new Intl.DateTimeFormat("en" , {dateStyle: "short"}).format(Date.now())
// "7/25/20"

// medium
new Intl.DateTimeFormat("en" , {dateStyle: "medium"}).format(Date.
now())
// "Jul 25, 2020"

// long
new Intl.DateTimeFormat("en" , {dateStyle: "long"}).format(Date.now())
// "July 25, 2020"
```

다음은 **timeStyle**을 사용하는 예제 코드다.

```
// short
new Intl.DateTimeFormat("en" , {timeStyle: "short"}).format(Date.now())
// "2:45 PM"

// medium
new Intl.DateTimeFormat("en" , {timeStyle: "medium"}).format(Date.
now())
// "2:45:53 PM"
```

```
// long
new Intl.DateTimeFormat("en" , {timeStyle: "long"}).format(Date.now())
// "2:46:05 PM GMT+7"
```

원하는 시간대의 지역을 전달할 때에 'short', 'medium', 'long' 세 가지 옵션 중 원하는 서식에 맞는 것을 선택할 수 있다. dateStyle과 timeStyle 옵션을 동시에 전달하는 것도 가능하다.

자세한 내용은 다음 자바스크립트 명세서를 참고하자.

- *https://github.com/tc39/proposal-intl-datetime-style*

마치며

가장 마음에 드는 기능은 어떤 것인가? 필자는 논리 연산자와 할당 표현식의 조합이 흥미롭다. 구문이 짧고 깔끔한 것을 좋아하기 때문일 것이다.

ES6부터 ES2021까지 자바스크립트에 대한 모든 것을 배우는 데 이 책이 도움이 되었길 바란다. 필자가 만든 유료 온라인 교육 과정도 있으니 참고하기 바란다.

- *https://www.educative.io/courses/complete-guide-to-modern-javas-cript*

INDEX